特色课程建设丛书

丛书主编　杨四耕

刘学兵◎主编

「五向」课程

迈向 3.0 课程的实践样本

华东师范大学出版社

·上海·

图书在版编目(CIP)数据

"五向"课程：迈向3.0课程的实践样本/刘学兵
主编.—上海：华东师范大学出版社，2021
（特色课程建设丛书）
ISBN 978-7-5760-2149-3

Ⅰ.①五… Ⅱ.①刘… Ⅲ.①小学－课程建设－教学
研究 Ⅳ.①G622.3

中国版本图书馆 CIP 数据核字（2021）第 187703 号

特色课程建设丛书

"五向"课程：迈向 3.0 课程的实践样本

丛书主编 杨四耕
主　　编 刘学兵
责任编辑 刘　佳
项目编辑 林青荻
责任校对 邱红穗　时东明
装帧设计 卢晓红

出版发行 华东师范大学出版社
社　　址 上海市中山北路 3663 号　邮编 200062
网　　址 www.ecnupress.com.cn
电　　话 021－60821666　行政传真 021－62572105
客服电话 021－62865537　门市(邮购)电话 021－62869887
地　　址 上海市中山北路 3663 号华东师范大学校内先锋路口
网　　店 http://hdsdcbs.tmall.com

印 刷 者 上海锦佳印刷有限公司
开　　本 787×1092　16 开
印　　张 14.25
字　　数 140 千字
版　　次 2021 年 10 月第 1 版
印　　次 2021 年 10 月第 1 次
书　　号 ISBN 978-7-5760-2149-3
定　　价 44.00 元

出 版 人 王　焰

（如发现本版图书有印订质量问题，请寄回本社客服中心调换或电话 021－62865537 联系）

编委会

主　编

刘学兵

副主编

欧阳雪茹　万胜明　张玉芳　宗　峰　周　舵　吴标清

王怡苹　刘海明　沈剑军　蒋俊雅　高　洋　鲍华浩

编　委

（以下排名按姓氏笔画为序）

于胜男　万胜明　马　丽　王怡苹　白　冰　丛兵滋　朱其亚

刘　畅　刘学兵　刘海明　孙琳珍　严春慧　杨　泓　吴宇栋

吴标清　沈剑军　张玉芳　张曼曼　张燕茹　陆惠芳　欧阳雪茹

周立志　钟　伟　姜雅芬　祝　鸣　高　洋　高洪蕾　董小荣

蒋俊雅　韩伟峰　曾广军　曾金炳　鲍华浩　鄢雪飞

丛书总序　走向课程自觉

这是一个焦虑的时代,每一个人都忙忙碌碌;这是一个无坐标的时代,很多人都不知身处何方;这是一个看不见路的时代,大家都不知该如何去面对新的情境;这是一个感觉模糊的时代,对很多事我们缺乏了应有的自觉和反思。

面对这样一个时代,我们需要有起码的文化自觉。在费孝通先生看来,文化自觉是生活在一定文化历史圈子里的人对其文化有"自知之明",并对其发展历程和未来有充分的认识。换言之,文化自觉就是文化的自我觉醒、自我反省和自我创建。

要提升学校课程品质,实现立德树人根本任务,文化自觉是不可或缺的。在我看来,课程领域的文化自觉就是课程自觉,它是人们基于对课程的理性认识,为着课程品质的提升而有清晰的目标意识和科学的路径观念,自觉参与课程变革实践的理性之思与理性之行。

课程自觉是一种有密度的自觉,它不是一个简单概念,而是一种思想、一种行动、一种文化,包含课程自知、课程自在、课程自为、课程自省以及课程自立等基本构成。推进特色课程建设,我们需要怎样的课程自觉呢?

1. 清晰的课程自知。课程自知是人们对特定课程情境的自觉理解,对课程理念和愿景的清晰判断,对课程内容和框架的基本认识,对课程实施路径和方位的整体把握。认识课程,认识自我,这不是一件容易的事。对一位校长来说,课程自知意味着对学校课程规划的整体理解,自觉研判学校文化与课程建构的关系、育人目标与课程架构的关系、资源调配与课程实施的关系;对一位教师来说,课程自知意味着对学科课程群建设的自觉思考,自觉跳出"课程即科目""课程即教学内容"等狭隘的课程观,建立与立德树人要求相适应的崭新课程观。

2. 透彻的课程自在。萨特说:存在先于本质。他曾将存在分为自在的存在和自为的存在,自在的存在是物体同其本身等同的存在,自为的存在是同意识一起扩展的存在。课程自觉需要深刻理解课程自在的文化,需要完整把握课程自在的处境,需要清晰认识课程变革的制度环境和现实可能,进而意识到哪些是可为的,哪些是不可为的;哪些是必须做的,哪些是可选择的;哪些是自己即可为的,哪些是需要制度支持的。

3. 积极的课程自为。按照萨特的观点,自为的存在是自我规定自己存在的。意识是自为的内在结构,自为的存在就是意识面对自我的在场。对课程变革而言,课程主体按照课程发展规律,通过自身的自觉行为和实践实现课程品质的提升,就是课程自为。课程自为意味着我们对课程自在的不满足,意味着我们开动脑筋思考课程变革的空间,意味着我们通过直面本己的课程实践培育新的课程文化,意味着我们在积极的卷入中推进课程深度变革。

4. 深刻的课程自省。课程自省即课程反思。杜威(1933)曾将反思解释为"思,我所思(thinking about thinking)",他鼓励专业人士审思每一个专业判断之下的潜在逻辑。课程变革是一种反思性实践,需要对实践进行反思,再将反思带到新的实践中去。反思性实践是一种主动且持续地审视理论、信念和假设的过程,它可以帮助我们在课程实践中更好地理解自我与他人,选择合适的方式应对可能的情境。课程反思是凌驾于思维之上的更高层次的反思。当你站在既定的框架里去检查这些规则的时候,是无法发现这些规则的问题的;如果你可以跳脱出来,不带评判和预设地去分析这些规则,其中的不妥之处就会被你看到。课程反思是一种能力,当你掌握了这项能力的时候,你就像"觉醒"了一样,一样的世界,你却会有不一样的"看法"。这就是哈贝马斯所谓的"沟通理性"概念,提升课程品质特别需要这样一种理性:反省、批判和论证。

5. 持守的课程自立。《礼记·儒行》:"力行以待取。"每一个人只有在自己的行动中,才能发现自己,才能向世界宣布他具有怎样的价值。课程自立是一个人认识到课程变革是自己的事,要有自己的立场、自己的创见,自持自守,不为外力所动,不随波逐流,进而"回到粗糙的地面"(维特根斯坦语),自觉参与到课程变革中来。课程自立本质上是在课程自知、课程自在、课程自为以及课程自省的作用之下,依靠自己的自觉和力量对课程实践有所贡献,并在此过程中逐渐提升自己的课程能力和专业成熟度,确证自己的"课程人"地位,成为"自己的国王"。

当我们有了清晰的课程自知、透彻的课程自在、积极的课程自为、深刻的课程自省以及持守的课程自立的时候,我们便作为"有创见的主体"主动地介入到课程设计、实施、评价与管理的全过程之中了,学校课程深度变革便自然而然地发生了。

费孝通先生说:"文化自觉是一个艰巨的过程。"让课程意识从"睡眠状态""迷失状态"到"自觉状态",也是一个艰难而痛苦的过程。可喜的是,本套丛书的作者秉持课程自觉之精神,聚焦特色课程建设,在课程自知、课程自在、课程自为、课程自省和课程自立方面掘进,迎来了课程变革的新境界!

杨四耕

2020 年 7 月 3 日于上海市教育科学研究院

目 录

　　　　学校创造性地提出了育人的"五向目标"，即"向美的身心、向善的品格、向上的学力、向真的学识和向新的行动"，同时以"五向"课程为引擎，坚持五育并举，实现课程目标从知识走向素养的跨越。

　　　　在横向上，解决学校课程依据学生发展核心素养进行合理整合的问题；在纵向上，基于学生的个性差异和学段差异，解决从低到高、由浅入深、由表及里，保持学校课程的系统贯通的难题。

第三章　从壁垒走向跨界：学校课程实施的推进　/ 143

　　如果没有跨界思维,课程实施的效果就不可能达到理想的境界。跨界是"五向"课程实施的新样态,包括跨学科疆界的"五自"项目化学习、跨课堂间界的BYOD精准教学、跨学段边界的"立体化"贯通式学习。

第四章　从单一走向多元：学校课程评价的考量　/ 173

　　多一把尺子,就多一批好学生。用多把尺子评价学生,提升每个学生的综合素质,让每个孩子成为最好的自己,应该成为学校课程评价的重要考量。

学校课程变革不仅需要学校组织、制度、财力等方面的保障,最根本的是需要学校的研究氛围、激励机制和学校文化上的全域渗透,需要用文化的力量去推动学校课程的有效落地。

总论 "五向"课程：基于核心素养的校本实践

东北师范大学南湖实验学校（以下简称"东师南湖校"）作为东北师范大学与南湖区人民政府合作创办的一所九年一贯制学校，是一所高起点、高标准的优质现代化学校。学校是"全国营养与健康示范学校"，是"全国青少年人工智能活动特色单位"，是"全国品质课程实验学校"，是浙江省首批上榜的"现代化学校"，依托东北师范大学浓厚的学术背景与南湖区丰厚的文化底蕴，不断助力南湖区教育品质提升。学校以"红船精神"为引领，不断探索教育本质，提出"智慧的教育"办学思想。以教师的智慧成长为基点，以学生的智慧生成为目标，以打造"智慧型教师"、培养"智慧型学生"、塑造"智慧型校长"、构建"智慧型校园"、造就"智慧型家长"为基本途径，引领师生在学校教育中获得终身可持续发展的智慧。学校以"聚焦核心素养、实现跨界贯通"为课程理念，以"基础课程校本化改造，拓展课程系列化开发，研究课程专业化开展"为课程策略，开发多元领域、多元层级的"五向"课程体系，举办丰富多彩的校园活动，促进学生德智体美劳全面发展。

一、问题的提出

"培养什么人、怎样培养人、为谁培养人"是我国教育的根本问题，东师南湖校"智慧的教育"的办学理念也正指向"培养人"的维度。然而，"培养人"是一个系统的实践过程。学校的育人理念既要贯彻国家的教育方针，又要具备一定的校本特色；既要保障学生当下的发展，又要着眼于学生未来的发展；既要注重学生的全面发展，又要突出学生的个性优长。学校一直在思考智慧型学生的培养路径，认识到要想实践育人理念，必须解决几个核心问题："国家的教育方针如何践行？""社会的急剧变革如何应对？""学生的核心素养如何落实？""学校的育人理念如何具化？"经过不断的思考与实践，学校认为解决问题的核心突破口是课程变革。

（一）国家的教育方针如何践行

教育是影响人发展的社会实践活动。"教育目的"是指教育所要培养的人的质量和规格的总要求，"关系到把受教育者培养成为什么样的社会角色和具有什么样素质的根本性质问题。是教育实践活动的出发点"①。作为一个人民当家作主的国家，教育必须要回答的问题是"培养什么人、怎样培养人、为谁培养人"。全面贯彻党的教育方针，落实立德树人的根本任务，是课程改革的根本任务。要实现立德树人的根本任务，就要能够拿出促进学生全面发展的育人方案，要能够拿出落实立德树人根本任务的课程体系，要能够使立德树人真正融入学校教育教学的各个环节中。

回答好教育的根本问题，落实立德树人的根本任务，必须将德育作为培养人的优先维度。无论是"立德树人"还是"德智体美劳全面发展"，党和国家的教育方针都将德育放在了优先地位。"只有在立德的基础上才能成才"应该是学校教育必须遵守的原则。然而，在教学实践中要落实立德树人这一教育的根本任务必须要打破一些顽瘴痼疾。从社会的角度来看，社会舆论对中小学的评价标准往往局限于升学率和教学质量；从学校的角度来看，受社会的舆论氛围和家长对升学率的渴求的影响，应试教育在中小学教育中仍是主流；从家庭的角度来看，家庭教育中也存在着"重智育、轻德育"的问题，家长高度关心孩子的学习成绩，考上好大学、找份好工作成为很多家长的想法。

落实党和国家教育的根本任务，必须克服学校教育中"重智育、轻德育"的现实问题，必须向"唯分数、唯升学、唯文凭、唯论文、唯帽子"的顽瘴痼疾开刀。东师南湖校作为一所拥有红色基因的学校，建校以来一直坚决贯彻党和国家的宏观教育理念。同时，学校也致力于找出上接天线、下接地气的实践方案来落实立德树人这一教育的根本任务。经过不断的思考和实践，学校认为践行党和国家教育方针最有效的途径是"课程的建构与实施"。学校尝试通过顶层设计，将党和国家的宏观教育理念融入学校整体的课程体系中加以贯彻和实施。在"向美、向善、向上、向真、向新"五个向度的课程中培养合格的社会主义建设者和接班人。

---

① 顾明远.教育大辞典　增订合编本[M].上海：上海教育出版社，1998：765.

（二）社会的急剧变革如何应对

教育需要有前瞻性。我们要以敏锐的洞察力来分析未来社会的发展趋势，分析未来社会人才所需具备的能力。美国著名教育家托尼·瓦格纳提出，未来世界需要创新型人才，且其必须具备7个关键力：批判性思考与解决问题的能力、跨界合作与以身作则的领导力、灵活性与适应力、主动进取与开创精神、有效的口头与书面沟通能力、评估与分析信息的能力、好奇心与想象力。因此，未来需要培养的人才必然是能够远远优于人工智能的具有高度社会性与高级思维能力、创造性的人才。未来社会所需人才一定是既具有扎实、丰富的理论知识，又具有实践能力，且具有跨学科能力、统筹能力、创新精神的综合性的高素质人才。[①]

当今社会，从业者只要掌握行业内的知识和技术，就可以在行业内立足。然而，未来社会这种情况可能会发生改变。传统行业和人工智能、互联网、大数据等新兴技术的高度融合，将引发新一轮的行业变革，仅仅掌握行业内知识已经很难适应社会产业的急剧变革。从业者除了要掌握本行业的知识和技能，更要对人工智能、"互联网＋"、大数据等新兴技术有所了解。这使得我们的教育不能仅仅局限于传授知识，还要培养学生的创造力，只有这样，学生才能够适应不断变化的社会环境，解决将来发展可能遇到的问题。"解决问题的能力培养也可以理解为创造性人才的培养。在现代学科体系分工越来越细的背景下，培养学生解决问题的能力就需要学生既有较深的专业知识，又有广博的知识面。芬兰教育改革中的'主题教学'就是基于这一培养目的。突破课程间的学科界限，强调不同学科间的交叉和互动，鼓励跨学科学习。同时，这种'主题教学'也能够鼓励学生通过网络等方式主动查找获取知识，而不再局限于教室和课本，这是教育基于时代变化的又一个特点。建构跨学科能力是世界教育发展的一个趋势，必须从整体性出发。只有在综合性的教育实践活动中，才能使教育与学生生活实际相联系，真正地让学生去体验，在体验中完成能力的培养。"[②]我们当下的教育需要培养学生的跨学科能力，这正是着眼于培养学生适应未来社会的创造力。

时代的发展给教育提出了全新的要求，即教育必须立足当下、面向未来。学校教

[①] 穆铭. 基于未来社会的未来人才探究［J］. 未来与发展，2019，43(2)：69＋70.

[②] 李玉兰. 什么样的教育能适应未来［J］. 成才之路，2016(33)：前插1.

育既要满足学生当下的发展需求，还要满足学生未来的发展需求，兼顾学生的当下利益和长远利益。然而，学生的当下利益和长远利益并非在任何情况下可以得到兼顾。例如，学生的当下利益可能是升学，而学生的长远利益是形成终身发展的能力。学生在校的学习时间基本是恒定的，学校究竟该如何权衡学生的当下利益和长远利益，这是一个值得思考的问题。例如，学校开设的人工智能课程、3D 打印课程、"魔法农场"课程等对于学生的未来发展非常有帮助，可以培养学生的创造力。但是，这些课程的成效有时不容易显现出来，提升考试成绩的效果并不如提优补差课程明显。很多学校想通过提高升学率来增加学校的美誉度，使得学校开设的课程大都围绕着考试科目展开，这导致中小学教育经常会出现重视当下的学习成绩、忽视学生未来发展的不协调现象。

只有能够立足当下、面向未来的教育才是合格的教育。我们也必须克服只重视学生当下发展而忽视学生未来发展的不协调的问题。东师南湖校作为一所办学理念具有前瞻性的学校，在育人方面一直致力于培养引领未来社会发展的人才。学校在育人理念、教师专业能力发展、学校管理以及学校的硬件设施等各个方面进行变革，使其能够适应面向未来的教育。学校在实践的过程中深刻认识到课程是培养学生能力的最有效途径，即在"向美、向善、向上、向真、向新"五个向度的课程中培养学生适应未来社会发展的能力。

（三）学生的核心素养的如何落实

2014 年教育部制定印发《关于全面深化课程改革落实立德树人根本任务的意见》，提出"教育部将组织研究提出各学段学生发展核心素养体系，明确学生应具备的适应终身发展和社会发展需要的必备品格和关键能力"。核心素养对于一线的教学实践是一种目标导向。"核心素养是课程目标的范畴。课程目标不仅要合目的、合价值，还需要合技术规范、合学生需求。课程目标虽然来自教育目的，但它不是'复述'着教育目的，而是将教育目的具体化。""课程是在不同的层级中发展出来的，完整地说，课程发展有国家、地方、学校、班级四层，不同层级课程开发主体是不一样的，因此课程目标也会有差异。""如果要把核心素养作为课程与评价的概念，必须要用分析的逻辑，将核心素养建立成为目标金字塔或目标树或目标网才能实现其意义，这既是我们课程专业共同体的梦想,也是我们的现实责任。"①

核心素养的有效的落地实施需要一个非常系统的方案。要使核心素养真正有生命力,使学生形成适应终身发展和社会发展需要的必备品格和关键能力,必须要在核心素养落地实施的过程中拿出一些可模可仿的典型案例。东师南湖校在实践的过程中认识到课程是核心素养落地实施的最有效途径,在课程建构与实施的过程中引发教学实践、教育评价、育人理念、课程目标等方面系统性的变革,在"向美、向善、向上、向真、向新"五个向度的课程建构与实施中培养学生的必备品格和关键能力。

(四) 学校的育人理念如何具体化

建校之初,东北师范大学老校长史宁中先生为学校定位了"智慧的教育"办学理念。新时代,学校立足校情、着眼未来,又提出了"建设一所面向未来的智慧学校"的办学方略。在此基础上,学校提出了"素质全面、个性优长、善于创造"的育人目标。

中国教育不缺理念,缺乏的是有效的实践。大家往往热衷于讨论什么是创新人才应该具备的能力和素养,而较少关注这些能力和素养该如何培养。其实,国内很多中小学能提出自己的一套办学理念和育人理念,然而,很多育人理念都成了空中楼阁。学校往往提出了目标性导向,却缺乏实践路径。这导致很多学校的育人理念成了对外宣传的工具,造成了表面上追求学生的全面发展,实际上仍以应试教育为主的怪现象。这种现象无异于用新瓶装旧酒,最终难以成功。学校的育人理念和学校的育人实践完全无法对接。很多学校打着素质教育的旗帜,却继续用着应试教育的模式。这种情况的出现,要么是学校只是把育人理念当作一种形式招牌,要么是想践行办学理念却找不到抓手。这就导致了中小学教育并不缺乏理念的架构,却很难找到实践的路径。所以,学校迫切需要为育人理念这一目标导向找到可行的实践路径。

东师南湖校提出了非常具备前瞻性的育人目标,即培养素质全面、个性优长、善于创造的"五向少年"。学校的育人理念不能仅仅作为目标导向而孤立存在,为学校的育人理念找到实践路径是学校新时代发展的命题。东师南湖校在校长刘学兵博士的引领下,经过充分的论证和实践得出了一个结论:"前瞻性的育人理念必须要有前瞻性的

---

① 崔允漷. 追问"核心素养"[J]. 全球教育展望,2016,45(5): 8 + 9 + 10.

课程体系,课程是落实育人理念的最有效途径。"学校需要在"向美、向善、向上、向真、向新"五个向度的课程建构与实施中,培养素质全面、个性优长、善于创造的"五向少年"。

二、 解决问题的过程

学校将课程作为支撑学生成长、学校发展的命脉,从建校伊始便开始推进课程建设。经过全体师生的不懈努力,学校课程建设在数年内实现了从课程 1.0 阶段到课程 3.0 阶段的跨越。学校在推进课程变革的过程中,采取了众多切实可行的措施,积累了独特的课程变革经验,通过不断的创新与实践,完成了课程变革的三级跳。学校课程建设大致可分为三个阶段①:

课程 1.0 阶段:该阶段学校依托"智慧的教育"办学理念建设"智慧型课程"。该阶段属于学校课程建设的试水层次,课程呈点状分布。

课程 2.0 阶段:该阶段学校聚焦核心素养,将核心素养进行校本化解读,并通过"五向"课程助推核心素养落地。该阶段属于学校课程建设的特色层次,课程呈线性分布。

课程 3.0 阶段:该阶段是"五向"课程实施新样态阶段,即"聚核跨界"。该阶段属于学校课程建设的文化层次,课程呈立体分布。

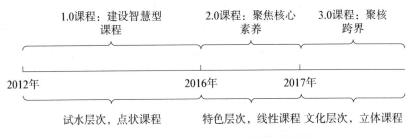

图 1 学校课程从 1.0 到 3.0 阶段发展历程

(一) 课程 1.0 阶段:建设智慧型课程

2012 年至 2016 年,是学校课程 1.0 阶段。在"智慧的教育"办学理念的指引下,学

---

① 杨四耕.迈向 3.0 的学校课程变革[J].中国教师,2016(22):64—67.

校课程建设在该阶段取得了初步的成效。

1. 解决问题的方式

第一，以"智慧的教育"为核心，建设智慧型课程。办学伊始，东师南湖校将"智慧的教育"作为办学理念。所谓"智慧的教育"，指在素质教育前提下，以教师的智慧成长为基点，以学生的智慧生成为目标，以打造"智慧型教师"、培养"智慧型学生"、塑造"智慧型校长"、构建"智慧型校园"、造就"智慧型家长"为基本途径，引领师生在学校教育中获得终身可持续发展的智慧的学校教育。

在"智慧的教育"办学理念的指引下，学校开始以学科为中心建设"智慧型课程"。"智慧型课程"建设主要通过两个方面推进，一方面对基础课程进行校本化改造，另一方面通过拓展性课程的开发来挖掘学生的智慧。

"智慧型课程"的建设，使学校没有沿袭很多传统课程中只关注学习成绩的模式，而是将学校的课程建设指向学生的终身发展。"智慧型课程"的建设使学校课程建设有了一个良好的开端，也为学校后续的课程建设奠定了良好的基础。

第二，以"学科本质"为中心，变革教学方式。从2012年学校正式运营起，学校便开始以学科本质为中心推进课程开发。如基于语文学科的语文乡土课程，基于英语学科的童趣英语课程、口语课程，基于数学学科的快乐数学课程，基于科学学科的研究性课程等。这些课程的开发，着眼学生的未来发展，启迪学生终身受用的智慧。例如，英语口语课程让学生摆脱传统课堂中口语教学薄弱的弊端。快乐数学课程让学生把数学知识应用到生活中，并在数学学习的过程中感受到学习的乐趣。这些课程的开设是学校在"智慧的教育"办学理念指引下，对课程建设的最初探索。

随着学校规模的不断扩大，陆陆续续有一些新的课程被开发出来，如数学梳理课程、英语影视作品鉴赏课程、作业整理课程、社团活动课程等。课程规模的不断扩大，一方面适应了学生智慧发展的需求，另一方面为学校的课程建设积淀了宝贵的经验。

第三，以"选择走班"为重心，开发拓展课程。在课程1.0阶段，学校在拓展课中实现了由行政班授课制向走班制的过渡。2012年至2014年，学校的基础课程和拓展课程几乎全部以行政班为单位进行授课。行政班授课作为最常用的学习组织形式有其固有的优点。然而，在拓展课程开设的过程中，行政班授课形式的缺点逐渐暴露出来。行政班授课中，学生只能选择自己任课教师开设的相关课程，而无法基于自己的兴趣选择自己喜欢的课程。

适当打破行政班授课制，实现基于学生自愿选择的走班制是教育教学的发展趋势。从 2015 年起，学校在拓展课方面率先实现了走班制。学校各个年级都开设出十几门拓展课，学生根据兴趣选择自己喜欢的拓展课程。每门课程都由来自不同行政班的学生组成。走班制实施以后取得了良好的效果：学生对拓展课的参与热情大大提高，对课程的选择空间大大提升；教师为吸引学生参与自己的课程，在拓展课的选题和内容上，需要花更多心思，使得拓展课的课程品质得到了很大的提升。

表 1　2016 学年七年级拓展课走班制实施情况

序号	课程名称	指导教师	活动地点	应到人数
1	名著"悦"读	语文组	701 班教室	21
2	播音主持	曹宇	702 班教室	25
3	动手"做"数学	数学组	703 班教室	25
4	数学趣味课（数学建模）	梁娜	704 班教室	22
5	英语情景剧拓展	英语组	705 班教室	24
6	禾城人文地理	鲍华浩	706 班教室	17
7	生活中的地理学	王学艳	二楼生物实验室(206)	14
8	走进东北那嘎达	王前前	三楼实验室(310)	18
9	生活与科学	科学组	二楼生物实验室(204)	21
10	创意机器人	王宁	计算机房 1	25
11	绘画创作初级班	姜春燕	美术教室	23

2. 实践中产生的新问题

2012 年至 2016 年，学校在课程建设上取得了很多成就，但随着课程改革的不断推进，也出现了不少新问题。

一是课程建设无顶层设计。在"智慧型课程"建设的过程中，基础性课程校本化改造和拓展性课程开发基本以学科为中心，这使得课程分布基本围绕各学科以点状展开。例如，基于英语学科开发了童趣英语课程和英语影视鉴赏课程，虽然都是基于英语学科开发的课程，但课程之间没有关联性。跨学科之间的课程更是缺少联系。各学科课程的开设基本上是根据教师的认知能力和喜好,无意识性很强。

学校课程点状分布、缺乏关联性的根本原因是课程缺乏顶层设计。虽然,学校在"智慧型课程"建设的过程中以"智慧的教育"办学理念为指引,但并没有一个建立在各学科之上的顶层课程架构来指导学科课程建设。课程建设顶层设计薄弱,使得各学科必须承担起课程建设的主要任务。各学科之间缺乏沟通,导致课程建设在学科之间缺乏联系性和统一性。学科内部的课程建设无法调集全校的资源集思广益,学科内部的课程开发很大程度上依靠任课教师的个人推进,所以,学科内部开设的课程联系性也不强。课程建设缺乏联系性和统一性,导致学校的课程建设仅停留在数量上的增加,而没有质的飞跃。学校急需通过课程升级来取得课程建设的突破。

二是课程没有聚焦核心素养。学校自 2012 年正式运行以来,便开始着手课程建设;而中国学生发展核心素养研究成果在 2016 年 9 月才发布。因此,2012 年至 2016 年的课程建设更多的是对焦于学科本身,在落实学科本质上下了很多的功夫。以学科本质为中心进行的课程建设,可以较好地提升学生的学科能力,但其弊端是无法整合各学科资源来促进学生必备品格和关键能力的发展。要培养能够适应未来社会的,全面发展、个性优长、善于创造的人才,必须聚焦核心素养,只有这样的课程体系才能为学生的未来发展奠基。

2016 年 9 月《中国学生发展核心素养》发布以后,学校立刻意识到必须在核心素养和学科之间架起一座桥梁,即对中国学生发展核心素养进行校本化解读,使其能够从微观层面落地,这是当时最迫切的课程建设需求。

三是课程缺乏保障、评价体系。把该阶段定位为试水阶段,重要的原因是在已开设的课程方面没有成熟的保障机制和评价体系。保障机制的缺乏,使基础课程的校本化改造往往出于教师的自觉性,这导致一些学科的校本化改造取得了一定的成果,一些学科的校本化改造只停留在纸面上。拓展课的开发多凭借任课教师的个人力量推进,缺乏目的性;甚至有些拓展课的大部分时间在播放影音资料。

除了没有成熟的保障机制,学校的课程在 1.0 阶段还缺乏成熟的评价体系。多数拓展性课程只是用 A、B、C 等第进行评价,评价的主体只有教师,这使得拓展课的评价有很大的随意性:既缺乏严谨的过程性评价,也缺乏科学的考察性评价。拓展性课程的评价体系无法反映学生的成长状况。为了能够保障拓展性课程的有效实施,保障拓展性课程评价能够有效地反映学生的成长状况,学校不得不通过课程升级来突破课程实施中出现的瓶颈。

(二) 课程 2.0 阶段：聚焦核心素养,建构"五向"课程

1. 解决问题的方式

第一,对接核心素养的"五向"课程目标解构。基于对中国学生发展核心素养的研究,对应学校小、初九年一贯制的学校实际,学校创造性地提出了学生培养的"五向目标",即"向美的身心、向善的品格、向上的学力、向真的学识、向新的行动"。

"向美的身心"与中国学生发展核心素养中的"健康生活"这一目标相对应,具体表现为"良好的习惯、健康的身体、坚毅的性格、突出的特长"四个方面。关于坚毅的性格,有专家给予坚毅(Grit)如是定义:"向着长期的目标,坚持自己的激情,即便历经失败,依然能够坚持不懈地努力下去,这种品质就叫作坚毅。"随着社会竞争的愈发激烈,坚毅也越来越多地受到国内学者的关注。[①] 积极心理学(Positive Psychology)通过研究调查,认为有七大指标预示着孩子未来的成功与否:坚毅(Grit)、激情(Zest)、自制力(Self-control)、乐观态度(Optimism)、感恩精神(Gratitude)、社交智力(Social Intelligence)、好奇心(Curiosity)。这表明,决定孩子未来成功的诸多因素,不仅仅是我们教授了孩子多少知识,而最关键的是我们能否帮助孩子塑造以"坚毅"为首的七项重要的性格特征。

"向善的品格"与中国学生发展核心素养中的"责任担当"这一目标相对应,包括"与他人、与社会、与自然、与文化"的善良态度与担当。其中:"与他人"的态度包括与他人为善,培植团结、合作、互助的精神;"与社会"的态度包括对家乡、祖国、世界乃至人类未来的深厚情感和初步责任感;"与自然"的态度包括与自然为善,加强生态文明建设,坚持人与自然和谐共生;"与文化"的态度就是坚持社会主义核心价值观,继承发扬中华民族优良传统文化,并且以理解和包容的态度认识不同国家、不同地区的文化特质。

"向上的学力"与中国学生发展核心素养中的"学会学习"这一目标相对应,包括

---

① 邱瑀,宋莉莉,王詠,等. 中学生坚毅自我同一性和自尊的关系[J]. 中国学校卫生,2020,41(3)：379.

"乐学、会学、学会、恒学"四个层面。"乐学"要求明确目标、激发内驱力和求知欲，是学力的前提；"会学"要求以生为本、研究学法，是学力的保障；"学会"指通过努力达成目标，体验到成功的快乐，是学力能得到保持的重要因素；"恒学"意为"想继续学、能坚持学"，是高层次的"乐学"，意味着新一轮学程开始了。

"向真的学识"与中国学生核心素养中的"人文底蕴、科学精神"这两个目标相对应，包括"崇文、重理、跨界、贯通"四个关键词。我们强调"跨界"和"贯通"，是基于九年一贯制学校的实际和中国未来人才的需求定位的。

"向新的行动"与中国学生核心素养中的"实践创新"这一目标相对应，包括"动脑质疑、动情合作、动口表达、动身实践"四个维度。

"五向目标"基于中国学生发展核心素养而产生，遵循九年一贯制学校学生个体发展特征而落地。"五向目标"之间层层进阶、相互渗透、相辅相成："向美的身心"是基础目标，"向善的品格"是核心目标，"向上的学力"和"向真的学识"是增值目标，"向新的行动"是最高目标。[①]

第二，聚焦核心素养的"五向"课程内容创构。"五向"课程，即是以"向美的身心、向善的品格、向上的学力、向真的学识、向新的行动"等五个"向度"为培养目标，以"聚焦核心素养、实现跨界贯通"为课程理念，以"基础课程校本化改造，拓展课程系列化开发，研究课程专业化开展"为课程策略的"目标—模组—层级"式的立体课程体系，旨在培养素养全面、个性优长、善于创造的"五向少年"。

"模组"指的是在培养目标之下的"五向"课程群，包含"向美的身心"模组、"向善的品格"模组、"向上的学力"模组、"向真的学识"模组、"向新的行动"模组。每个模组又包含学校基础课程群、学校拓展课程群、学校专业课程群三个板块。"层级"是指根据学生学习基础、能力的差异以及未来发展的规划和走向，从"层级"的角度把五个模组、三个板块的课程划分为基础、丰富、高级三个水平。

五个模组的课程群除了国家基础课程外，"向美的身心"模组还包含习惯课程、体育课程、心理课程、艺术课程和 girt 课程；"向善的品格"模组还包含礼仪课程、志愿者课程、国学课程、生态文明课程和价值观课程；"向上的学力"模组还包含理想规划课

① 刘学兵,刘帅.聚核跨界:"五向"课程学习新样态[J].现代中小学教育,2020(10):12—13.

程、学风课程、学法指导课程、导师课程和学长激励课程；"向真的学识"模组还包含阅读课程、写作课程、时事新闻课程、兴趣实验课程和 STEAM 课程；"向新的行动"模组还包含头脑风暴课程、拓展训练课程、智慧辩论课程、社会实践课程和研究型学习课程。

2016 年底，我校的浙江省规划课题"基于核心素养的'五向'课程建构与实践研究"成功立项，2018 年顺利结题并获浙江省教育科研成果三等奖。

2. 实践中产生的新问题

一是学科分化，学科交叉弱。传统教育中的分科教学，为了教学的便利，将问题进行人为处理，然后使用单一学科解决问题。然而学生在现实情况中却发现解决某一个问题时所需要的跨学科、跨领域的知识越来越多。所以，学科分化、综合能力弱，是教学改革不得不面临的一个重要问题。这亟需基础教育转变教学方式，培养孩子解决生活中的"真问题"的能力，综合地提升孩子的核心素养。所以，学校在实施"五向"课程时，必须转变学教方式。

二是班级授课，个性化学习弱。该阶段的学校仍然以班级授课制为主。班级授课的优点在于可以在固定的时间，对在同一班级的学生进行集体的教学活动，对于集体而言教学效率高。然而，每个孩子都是个性化的个体，大多班级的学生会出现分层的情况；对于教师而言，很难同时满足所有层次学生的需要。在学校教学改革前的班级中，此种情况也大量存在，班级授课制弱化了个性化学习。为了突破瓶颈，学校在实施"五向"课程时，必须转变学教方式，实施个性化教学。

三是课后辅导，家、生负担重。如今的社会，"不能让孩子输在起跑线"的言论被广泛接受。孩子的自我监控能力弱，家长普遍忙，不能有效地监管孩子的学习。所以很多家长安排了一系列课后辅导班对学生进行学科或者艺术上的辅导。然而，课后辅导班的办学质量良莠不一，学生本该进行自我研究和探究的课余时间被挤占，学校虽减负，而家长却给学生增负。另外课外辅导班的价格均不菲，家长的负担也着实很重。因此，学校在实施"五向"课程时，必须转变学教方式，借助相应的交互平台，减轻家、生负担。

四是学制分割，小、初衔接弱。对于初一学生而言，小学和初中的差异，是他们必须要面对的转变。学科数量、难度、方法的变化，使大部分学生在初中的初期会有不适应。虽然现在初中学校普遍认识到这样的问题,会在初一有适当的衔接,然而,只靠初中单方面来做,小、初的衔接还是薄弱的。所以,学校在实施"五向"课程时,必须转变学教方式,实现小、初有效衔接。

(三) 课程 3.0 阶段:聚核跨界,"五向"课程实施新样态

1. 解决问题的方式

"五向"课程是基于"中国学生发展核心素养"而开发的适合小、初九年一贯制的学校的整体课程,由"向美的身心、向善的品格、向上的学力、向真的学识、向新的行动"五个"向度"组成的课程体系,五个"向度"课程都包含基础课程和拓展课程群,故称之为"五向"课程。

"聚核跨界"是"五向"课程实施新样态的核心理念。"聚核"是"五向"课程的开发理念:聚焦核心素养。"跨界"是"五向"课程的实施理念:实现跨界贯通。具体包含三种课程实施样态:跨学科疆界、跨课堂间界、跨学段边界。2019 年,浙江省教育科研规划重点课题"聚核跨界:'五向'课程深度实施再研究"成功立项。

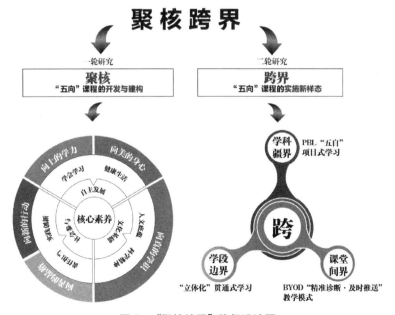

图 2 "聚核跨界"路径设计图

第一，跨学科疆界的"五自"项目化学习。学校展开的 PBL 项目式学习，强调学生主体的全程参与。"五自"项目式学习系统是围绕自选、自组、自探、自创、自媒这五个指向，由学生自主展开的项目化学习全过程，旨在引导学生在自主选择问题，自发成立项目组，自由探索、创造、传播的过程中逐步习得包括可迁移知识和技能、思维方式、价值观以及跨学科学习力等在内的 21 世纪核心素养。

自选指项目组成员自发、自由、自主地选择想要解决的核心问题。自组指从项目小组的成立到项目方案的确立都由学生自发组织、自主完成。自探指教师尊重探索过程中学生的自主能动性，试图在实际的体验化活动中真正培养学生解决问题所需要的关键能力。自创是为了培养学生的创新意识、创新思维、创新能力及创新个性。自媒指的是学生自发地分享与传播个性化学习成果，主要有自选现有媒体发表、自主开发新媒体传达两条路径。

第二，跨课堂间界的 BYOD 精准教学。根据现代技术学定义，BYOD（Bring Your Own Device）指携带自己的设备办公。学校依托平板电脑的学习平台优势，让教师在教师端通过网络推送学习资源到学生端，并实时监控学生的完成进度，及时给予评价和反馈，具有较强的交互性。教师可从课前、课中、课后三个环节使用 BYOD 实行"八步教学法"，有效实现精准教学。

在基础教育中，寒暑假的学习与监督一直是一个难点和热点，学校尝试使用 BYOD 来解决这一难题。环节一，教师制作专题微课视频和相应的课后精准练习并发布到"智通云"平台上；环节二，学生依照导学案或任务单进行自主学习，如观看微课、回家实验、完成课前测试作业并提交；环节三，教师每天及时监控学生的学习进度和作业完成情况。

第三，跨学段边界的"立体化"贯通式学习。基础教育常用的学制是小学六年制、初中三年制。就实践而言，此学制适用于大部分学生，但对于学有余力的优秀学生而言，六年级无异于在陪读。我校基于九年一贯制学校的特点，进行了跨学段边界的"立体化"贯通式学习，打通小学和初中的边界，将小学六年级和初中七年级的内容进行贯通式开发与实施，从学法贯通、课程贯通、能力与思维贯通三个角度解决小学和初中衔接的问题。

学法贯通，即学法为先，习惯贯通，让每个学生"学会学习"，适应初中的学习方式。

课程贯通，即学科整合，内容贯通。例如，语文学科围绕语文素养要求，拓宽学生的阅读视野，从原有的文学阅读扩展至历史、哲学、科技等多领域的"大阅读"。能力与思维贯通，即依托文化基础课、研究性学习课、学法指导课的"三模块"课程，凸显"三个能力"，即知识能力博、研究能力强、方法能力巧。

2. 解决问题的保障

一是空间保障。智慧空间是学校课程落地实施的基本保障。学校遵循建构主义教育观，把教育视为生命体验的过程，倡导体验式学习。学校"七大中心"的建设，就让学生充分参与体验教育的全过程，在体验与感悟中智慧成长。"七大中心"包括：体育健康中心、艺术共享中心、心理支持中心、科技创新中心、阅读赏析中心、学科活动中心、国学普及中心。

其中，阅读赏析中心化整为零，把原来集中在图书馆的图书按规划漂流到学生必经区域、年级组核心区域、班级教室阅读区域等。班主任为每个学生开设"阅读存折""好书推荐角"，实时记录阅读过程。通过图书漂流，让图书更适合学生，让学生方便阅读、精准阅读。图书馆变成教师组织学生集体阅读的场所。艺术共享中心是学生展示艺术作品、享受艺术熏陶的殿堂。学科活动中心是学科开展特色活动的专属场所。如"音乐殿堂""美术天地"等。

二是教学保障。课堂教学改革是学校课程落地实施的根本途径。那么如何帮助学生建构适应自身发展的学习方式？教师要在充分了解学情、尊重学生差别的基础上，遵循"适合选择、适时合作、适度翻转、适当混合"原则，进行教学方式创新，开展跨界贯通，进行教学流程再造。

三是评价保障。"五向"课程评价采取学分制，其评价主体包含学生自评、学生互评、教师评价和家长评价四种方式。在"五向"课程的指导下，形成综合素质评价平台，学生、班主任、任课教师都有各自的评价账号，根据自己的不同权限，对学生进行评价，系统会自动生成每个学生的"五向"课程评价报告，学生累计获得的学分，使用"五向"雷达图表示。学校以此评出每学期的"五向少年"予以表彰。

三、 主要成果

(一)"五向"课程理论：课程哲学与基本理念

1. 学校教育哲学：智慧的教育

学校首任校长孔凡哲教授在《智慧型学校：创建、经营与发展》一书中谈道，追求人的智慧发展，是当代教育变革的一种基本的价值走向。

所谓"智慧"，《现代汉语词典》(第7版)的解释是：辨析判断、发明创造的能力。从哲学角度审视，"智慧"代表了人思维的最高能力。我国哲学家冯契认为："智慧是对宇宙人生的某种洞见，它和人性自由发展有着内在的联系。"有西方哲学家认为："智慧主要指人的求知的好奇心和求知的能力。"而一般认为，智慧就是文化进程中独创的执行力。

我们认为，当人面对一个问题时，能够充分利用现有的各种资源、信息，创造性地选择最佳的策略、方法，这种独创的能力就是智慧。

作为智慧的一种特殊形式，教育智慧"在教育教学实践中主要表现为教师对于教育教学工作的规律性把握、创造性驾驭和深刻洞悉、敏锐反映及灵活机智应对的综合能力"[①]。

所谓"智慧的教育"，意指，以教师的智慧成长为基点，以学生的智慧生成为目标，以打造"智慧型教师"、培养"智慧型学生"、塑造"智慧型校长"、构建"智慧型校园"、造就"智慧型家长"为基本途径，引领师生在学校教育中获得终身可持续发展的智慧的学校教育。

2. 学校课程理念："五向同心"，智慧未来

"五向"课程分别对应五种颜色。"向美的身心"模组用蓝色表征，自然纯净；"向善的品格"模组以黄色诠释，阳光和谐；"向上的学力"模组象征绿色的春天，充满着朝气和生命力；"向真的学识"模组和橙色对应，如金灿灿的果实；"向新的行动"模组如同红色火焰，代表青春和激情。"五向"课程图中心是五种颜色的曲线构成的五个"人"字，"五向同心"，代表学校的育人目标是"以人为本、全面发展、个性优长、善于创造"。

---

① 陈建新. 中小学教师创造性教育智慧的养成[J]. 教学与管理(理论版)，2014(8)：53.

通过"五向"课程,学生能够充分利用现有的各种资源、信息,创造性地选择最佳的策略、方法,成功地解决问题。

有智慧,有未来;以智慧,创未来。"智慧未来"是"五向同心"的目标和必然旨归,"五向同心"是"智慧未来"的基石。

(二)"五向"课程架构：目标—模组—层级式课程体系

学校以"五向素养结构"为学校育人的价值追求,对课程及其资源进行整合,立足学生"五向标准",逐渐形成学校"目标—模组—层级"式独特的课程体系。其中,"目标"指的是学校的育人目标,即努力培养"全面发展、个性优长、善于创造"的"五向少年"。"模组"指的是在培养目标之下的"五向"课程群,共有五个模组。每个模组都有关键词解释和学校基础课程、学校拓展课程、学校研究课程群支撑。"层级"是指根据学生的学习基础、学习能力的差异以及未来发展的分流,从目标的角度又把课程划分为基础、丰富、高级三个水平。

"五向标准"代表九年一贯制学生个体发展过程中所应具备的"必备品格"与"关键能力","五向标准",抑或称为"五向素养",它们之间层层递进、相互交织、相辅相成。基于教育规律和学生身心发展规律,我们认为"五向标准"中的底色是"向美的身心"和"向善的品格",亮色是"向上的学力""向真的学识"和"向新的行动"。"向美"是基础标准,"向善"是核心标准,"向上""向真"是增值标准,"向新"是最高标准。

(三)"五向"课程实施："聚核跨界"新样态

"聚核跨界"是"五向"课程实施新样态的核心理念,即"聚焦核心素养、实现跨界贯通"。聚核是"五向"课程的开发理念,跨界是"五向"课程的实施理念。课程实施样态具体有三种：跨学科疆界、跨课堂间界、跨学段边界。

(四)"五向"课程评价：过程数据＋O2O＋智能平台

课程评价是一个价值判断的过程。价值判断要求在事实描述的基础上,体现评价者的价值观念和主观愿望。不同的评价主体因其自身的需要和观念的不同对同一事物或活动会产生不同的判断。课程评价的方式是多样的。它既可以是定量的方法也可以是定性的方法，教育测试或测量只是其中的一种方法，并不代表课程评价的全部。课程评价的对象包括课程的计划、实施、结果等诸多课程。也就是说，课程评价对象的范围很广，它既包括本身，也包括参与课程实施的教师、学生、学校，还包括课程活动的结果，即学生和教师的发展。结合课程评价体系，确定"五向"课程评价需要从以下三个方面加以重视：

一是过程数据积累。发展和激励是评价的主要功能，重视对课程实施、课堂教学有效实施、学生学习潜能过程的数据积累是课程评价实施的重要环节。我们立足于促进学生的学习力提升，重视数据积累和分析，为"适合学生的教育"创造有利的支撑环境。

二是 O2O 应用。O2O，是 Online To Offline 的缩写，即线上到线下，多应用于商业领域。将 O2O 应用到课程评价上的尝试还是一种创新，但学校能借助智能平台进行线上、线下的数据汇总。

三是智能平台支撑。通过购买、录制、合作，整合精品教育、教学、课程资源，为学生个性化学习服务，努力打造私人订制的资源环境。

应建立并升级智慧校园，使学校有无处不在的校园网络、无处不在的环境感知、无处不在的交互入口、无处不在的校园服务、无处不在的智慧体验，使优质教育资源充分共享，开发自组织学习系统、自适应测试系统、自动化辅导系统，建立全方位、立体化的O2O 教学模式、管理模式、德育模式、科研模式、家教模式、服务模式和评价模式，使教师、学生和家长可以在任何时间、任何地点进行管理、学习和评价。逐渐形成电子学生证、智慧校园平台、数字化课程、数字实验室、在线学习、在线辅导、在线评价等多种教育方式，探索出学生成长全程记录、学习过程全程捕捉、学生思维全程留痕等大课程管理模式。

四、成效与影响

（一）课程变化，学校变化

"五向"课程的建构与实践，是基于"中国学生发展核心素养"框架展开的。课程内容已不再是简单的传统的知识结构，而是多元的前沿的适合学生未来发展的"五向"课程体系;学教方式也趋向跨学科疆界、跨课堂间界、跨学段边界等多元方式。未来,人工智能、万众物联、虚拟现实、泛在学习、云计算、大数据等多元化的交互式学习平台,将成为师生新的学习环境。

课程变化,学校变化。以"五向"课程为核心的特色办学成效初现,影响深远。我校学生在全国中学生英语能力竞赛、"希望杯"全国数学邀请赛、"语文报杯"作文大赛、"兰亭奖"中小学生书法大赛等各类竞赛中获得了众多的国家、省、市、区级奖项。学校重视学生的身体健康素质的提升,学生体质健康测试优秀率和达标率连年攀升,在嘉兴市名列前茅。学校"咏立方"艺术团荣获南湖区艺术节合唱比赛金奖、舞蹈比赛金奖,参加浙江省艺术节展演。学校更注重对学生发展进步的评估,以实现学生的低进高出、高进优出。学校连续四年获得区域目标责任制考核一等奖。2018年学校获得"全国品质课程实验学校"荣誉称号,入选为"全国青少年人工智能活动特色单位"。2020年,学校成功获评浙江省首批现代化学校,是嘉兴市本级中小学中唯一上榜的学校。《中国教育报》《中国德育报》《嘉兴日报》《南湖晚报》等多家国家级、省市级媒体关注报道学校办学成果,学校的优质发展受到了家长和学生的一致好评。

(二) 四品师风,蔚然成风

课程建设是学校发展高度的标杆,教师是课程改革的决定力量!

东北师范大学南湖实验学校以"五向"课程为核心动力引擎,以"红师链训"为校本研修特色,努力铸造一支具备"仁爱、专业、学术、创新"等"四品师风"的东师铁军队伍。

为适应教师发展,学校建构分层培养、实践取向的链式校本研训体系——"红船链训";确立红船精神课程化实施策略,开发"红师"课程,培养"红匠"教师。学校旨在立师德,强师能,培养"红匠"教师,落实立德树人根本任务!

学校以校本化的方式,落实国家教师基本素养的思想精神内涵,并逐步落地东师"红师匠艺"课程体系,以德研铸仁爱之风,以教研促专业之风,以科研展学术之风,以创研扬创新之风,"四品师风",蔚然成风。

目前,学校有教师152人,中高级职称以上107人(其中特级教师1人),占教师总数的70%;获得硕士以上学位有48人(其中博士学位1人),占教师总数的31.6%;获得国家、省、市、区级专家、学科带头人、名师、骨干教师、教学新秀称号的达101人次。

近五年来,在各类教师技能及科研成果评比中,获国家级奖励的有 29 项,获得省级奖励的有 60 项,获得市级奖励的有 203 项,获得区级奖励的有 412 项。正是这样一支高学历的硕博团队与骨干教师团队,满怀智慧教育的激情,为学生综合素质的全面发展扬帆领航。

(三) "五向少年",众妍争芳

"五向同心",绽放花样年华;"五向少年",放飞青春梦想。聚焦核心素养的课程体系、丰富多彩的校园活动促进学生德智体美劳全面发展。学校在"五向"课程的引领下,学生自主学习、学会学习,会学技巧、主动展示,乐意创新、自信阳光,真可谓是全面发展、勇于进取,几年来开创了"五向少年"众妍争芳的局面。

东师南湖校自办学以来取得了骄人成绩,学生共获得区级以上奖项达 2 500 余次,其中学科类学生获奖 1 132 项,体育类获奖 386 项,科技类获奖 678 项,书画类获奖 221 项,文艺类获奖 63 项,综合类获奖 79 项。学校的合唱、舞蹈多次荣获南湖区艺术节金奖;学校女子排球、男子篮球勇夺南湖区联赛桂冠;2019 年东师南湖校学生会荣获"嘉兴市优秀学生会";多名学生荣获南湖区"科技之星"、南湖区 STEM 机器人展评一等奖……"五向"课程也先后取得多项全国级、省部级成果,荣获省级教育科学规划课题优秀成果奖。

(四) 实践样本,可模可仿

2020 年 3 月 25 日,《中国教育报》以《"五向"课程:迈向 3.0 课程的东师南湖校样本》为题,用半个版面全面报道了东北师大南湖实验学校"五向"课程的建设和实践。"五向"课程实施四年来,吉林、山东、上海、福建、广州、海南、浙江、安徽、新疆、辽宁等 10 多个省份 30 多个市、区的访问团陆续来到学校,考察学校课程成果。东师南湖校的"五向"课程实践样本,可模可仿。2021 年,学校荣获浙江省首批"现代化学校"荣誉称号,成为嘉兴市本级中小学唯一获此殊荣的学校。

第一章

从知识走向素养：学校课程目标的设计

学校创造性地提出了育人的"五向目标"，即"向美的身心、向善的品格、向上的学力、向真的学识和向新的行动"，同时以"五向"课程为引擎，坚持五育并举，实现课程目标从知识走向素养的跨越。

核心素养是学生在知识、技能、情感、态度、价值观等多个方面的综合表现，是每一名学生获得成功生活、适应个人终身发展和社会发展都需要的、不可或缺的共同素养。基于中国学生发展核心素养，对应小、初九年一贯制的学校实际，学校创造性地提出了育人的"五向目标"，即"向美的身心、向善的品格、向上的学力、向真的学识、向新的行动"，同时以"五向"课程为引擎，坚持五育并举，实现课程目标从知识走向素养的跨越。

一、 育人目标的五个向度

图 1-1 "五向少年"徽章

"五向"课程校本化地回答了如何培养德智体美劳全面发展的社会主义建设者和接班人的问题。

东北师大南湖实验学校"五向少年"徽章的中心部分由五种颜色的曲线构成五个"人"字，寓意学校的培养目标是"以人为本、全面发展、个性优长、善于创造"。具体说就是培养具备"向美的身心、向善的品格、向上的学力、向真的学识、向新的行动"等"五向标准"的"五向少年"。

二、 课程目标的进阶设定

培养目标是通过课程目标来达成的。为了实现培养目标，我们把"五向少年"的五个向度目标进行细化，按照低年段（一至三年级）、中年段（四至六年级）、高年段（七至九年级）进行课程目标进阶设定，具体见表 1-1。

表1-1　五向课程目标进阶表

	向美的身心	向善的品格	向上的学力	向真的学识	向新的行动
一至三年级	习惯奠基 适度运动 学会投入 挖掘兴趣	学会交往 懂得担当 亲近自然 文化体验	快乐学习 体验方法 提高效率 专注持续	文学基础 科学想象 拓展视野 联系生活	渴望探索 主动交流 交换看法 勤于动手
四至六年级	巩固习惯 热爱运动 学会坚持 初现特长	关爱他人 社会参与 爱护自然 文化认同	激发动力 运用方法 解决问题 持久学习	文学素养 科学热情 跨界学习 融会贯通	发现问题 寻求合作 善于表达 熟练操作
七至九年级	习惯良好 身体强健 品格坚毅 特长凸显	善于处世 公民素养 和谐共生 文化自信	热爱学习 探寻方法 自主学习 终身学习	人文情怀 科学精神 全面发展 综合思维	善于创造 乐于合作 敢于发表 勇于实践

　　"五向目标"基于中国学生发展核心素养而产生，遵循九年一贯制学校学生个体发展特征而落地。"五向目标"之间层层进阶、相互渗透、相辅相成，其中"向美的身心"是基础目标，"向善的品格"是核心目标，"向上的学力"和"向真的学识"是增值目标，"向新的行动"是最高目标。

第二章

从碎片走向系统：学校课程图谱的重塑

在横向上，解决学校课程依据学生发展核心素养进行合理整合的问题；在纵向上，基于学生的个性差异和学段差异，解决从低到高、由浅入深、由表及里，保持学校课程的系统贯通的难题。

重塑课程图谱,改变碎片化学校课程格局,让课程在学校有逻辑地落地,让每个孩子在学校经历一个系统的、立体的成长过程,这是学校课程变革需要审慎思考并解决的问题。我们推进学校课程变革,在目标上,解决"培养什么人"的问题;在横向上,解决学校课程依据学生发展核心素养进行合理组合的问题;在纵向上,基于学生的个性差异和学段差异,解决从低到高、由浅入深、由表及里,保持学校课程的系统贯通的难题。

"五向"课程,是基于中国学生发展核心素养,以"向美的身心、向善的品格、向上的学力、向真的学识、向新的行动"五个向度为课程模组,以"聚焦核心素养、实现跨界贯通"为课程理念,以"基础课程校本化改造,拓展课程系列化开发,研究课程专业化开展"为课程策略的"目标—模组—层级"式的立体课程体系,旨在培养素养全面、个性优长、善于创造、适应未来的"五向少年"。

一、"目标—模组—层级"式课程架构

以"五向素养结构"为学校育人的价值追求,对课程及其资源进行整合,立足"五向标准",逐渐形成学校"目标—模组—层级"式独特的课程体系(见图2-1、2-2)。

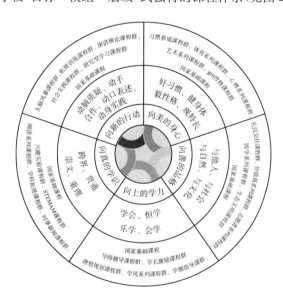

图2-1 "五向"课程目标—模组

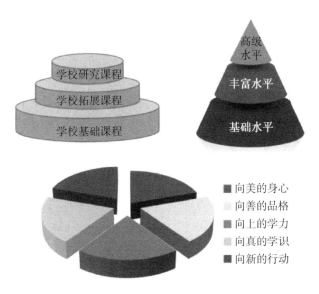

图2-2 "五向"课程层级

"五向标准"，代表九年一贯制学生个体发展过程中的必备品格与关键能力，"五向标准"之间层层递进、相互交织、相辅相成。图2-1中心五种颜色的曲线构成了五个"人"字，代表学校的育人目标是"以人为本、全面发展、个性优长、善于创造"。"模组"指的是在培养目标之下的"五向"课程群，分别是"向美的身心"模组、"向善的品格"模组、"向上的学力"模组、"向真的学识"模组、"向新的行动"模组。每个模组都有关键词解释和学校基础课程、学校拓展课程、学校研究课程群支撑。"层级"是指根据学生的学习基础、学习能力的差异以及未来发展的分流，从目标的角度又把课程划分为基础、丰富、高级三个水平。

二、"五向"课程图谱的重塑

(一)"五向"课程总谱

我校以小初一体化的课程衔接、支持和促进为课程建构原则，以"聚焦核心素养、实现跨界贯通"为课程理念。以"五向素养结构"为学校育人的价值追求，对课程及其资源进行整合，立足学生"五向标准"，逐渐形成学校独特的课程体系。

表 2-1 "五向"课程总谱①

		一至三年级	四至六年级	七至九年级
向美的身心	基础课程	开齐开足、适当改造	开齐开足、适当改造	开齐开足、适当改造
	拓展课程	咏立方合唱、童画色彩、快乐折剪画、跆拳道、中国象棋、啦啦操	花式跳绳、中国武术、东师乐团、咏立方合唱、快乐足球、围棋、健美律动	国防课程、棒球课程、grit 课程、中国武术
向善的品格	基础课程	开齐开足、适当改造	开齐开足、适当改造	开齐开足、适当改造
	拓展课程	七彩花园、走遍嘉兴、礼仪课程、知水世界	魔法农场、走出嘉兴、探水世界、戏剧德育、红船讲坛	走向世界、智慧农场、国学课程、红船讲坛、治水世界
向上的学力	基础课程	开齐开足、适当改造	开齐开足、适当改造	开齐开足、适当改造
	拓展课程	手账规划、绘本阅读、绘本创编	英语童谣、学法指导、萌芽成长	学法课程、学长课程、学风课程、导师课程
向真的学识	基础课程	开齐开足、适当改造	开齐开足、适当改造	开齐开足、适当改造
	拓展课程	少儿编程、绘本阅读	智慧阅读、快乐数学、戏剧课程、贯通课程、童年编程	智慧阅读、戏剧课程、少年编程
向新的行动	基础课程	开齐开足、适当改造	开齐开足、适当改造	开齐开足、适当改造
	拓展课程	乐高课程、花语课程、超脑麦斯	蕙兰编织、花语课程、超脑麦斯、机器人	3D 打印、汽车创客、机器人

(二) 学科课程图谱

教师的专业发展和改革热情是学校课程落地实施的决定因素。学校有效组织了教师根据学校对"五向"课程的顶层设计,进行学科课程图谱的设计实施。学科课程图的设计实施,要以物化的学科核心素养为目标,合理设计学科课程板块、课程策略、课程内容和课程评价。

---

① 刘学兵.基于"五育"并举的课程表达:东北师范大学南湖实验学校"五向"课程的行动研究[J].人民教育,2020(8):5.

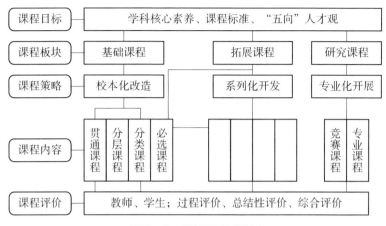

图 2‑3 学科课程图模板

学科课程谱的设计实施,要对学科各学段(小学一至六年级,初中七至九年级)课程的具体素养目标进行进阶式分解,课程内容按进阶标准具化,质量评测标准要科学、可操作。

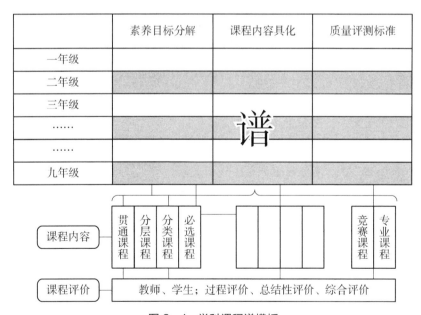

图 2‑4 学科课程谱模板

案例　2-1　　小学数学学科课程图谱

一、课程建设图——课程建设的顶层设计

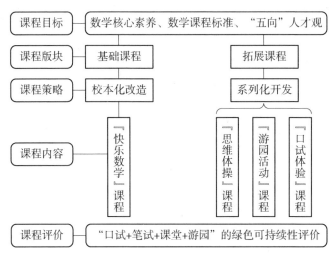

图 2-5　数学学科课程建设图

二、课程建设谱

以拓展课"快乐数学"课程为例。

表 2-2　"快乐数学"课程建设谱表

年级	素养目标分解	课程内容具化	质量评价标准
一年级	1. 在直观认识长方体等基本立体图形的基础上，直观认识基本的平面图形，并体会面在体上；通过认识上下、左右、前后，初步培养空间观念。	认识立体图形 有趣的平面图形 位置与顺序 调查喜爱的水果 分扣子 填数游戏	5 星：能在课堂操作活动或合作中积累一定的空间观念、数据分析观念，能较好地理解简单的立体和平面图形及其特征；能在作业和口试反馈中锻炼出较好的逻辑推理能力和语言表达能力。

续表

年级	素养目标分解	课程内容具化	质量评价标准
	2. 通过初步的分类学习为培养数据分析观念打基础。 3. 通过发现规律、填数游戏等活动培养逻辑推理能力。		4星：能在课堂操作活动或合作中积累初级的空间观念、数据分析观念，能初步地理解简单的立体和平面图形及其特征；能在作业和口试中适当表达自己的理解。 3星：能积极参加数学学习，但缺乏创意的思考和对多元思路的理解，思维较为被动。
二年级	1. 通过模拟买卖活动，提升对人民币的认知和使用熟练度，增强估算意识和数据运算能力。 2. 通过校园里的测量活动，加深对长度单位的认识和测量方法的积累。 3. 通过设计活动，加深对于图形及图形变化的认识，培养直观想象能力和动手操作能力。 4. 通过活动，加强方向感知的准确度，增强空间观念。 5. 通过活动，加深对角的认识，并在数角、变角、猜角等环节中提高逻辑推理能力、直观想象能力，培养空间观念。 6. 在调查活动中，经历统计的全过程，并能有效记录调查结果，培养数据分析能力。	我是售货员（购物、计算） 我是校园测绘员（测量） 我是巧手设计师（平移与旋转、常见图形） 我是导航员（方向与位置） 我是小小魔术师（角的变化） 我是调查员（调查与记录）	5星：能积极参与数学活动，能将数学知识熟练应用并举一反三。在活动中有想法、有创意，能理解并提出多样解题思路。 4星：能积极参与活动，能够运用数学知识解决问题。 3星：较为积极参加活动，数学知识应用不够灵活。
三年级	1. 学会与他人合作，获得测量的实际经验；学会有顺序地思考和解决问题，培养符号意识；感受集合思想。 2. 通过设计徽标发展空间想象能力；学会运用列表、操作等策略进行推理，发展推理能力。	校园中的测量 搭配中的学问 时间与数学 小小设计师 我们一起去游园 有趣的推理	5星：能在课堂活动中通过测量、有序思考等活动解决有挑战的实际问题；能在绘画、列表、尝试、操作的过程中感受集合思想，展现出一定的推理能力。能较好地理解和应用长度基本量的关系并进行熟练地估测和选择、转化单位。 4星：能在课堂活动中通过测量、有序思考等活动解决一定的问题；在具体情境中展现出一定的推理能力；能在一定指导下进行估测和选择、转化单位。 3星：较为积极参加活动，数学知识应用不够灵活，思维较为被动。

年级	素养目标分解	课程内容具化	质量评价标准
四年级	1. 了解编码的广泛应用，进一步体会"数"在日常生活中的作用，感受数学的文化价值。 2. 针对滴水实验任务，能够提出解决问题的思路，制定简单的问题解决方案，并根据方案，经历有目的、有设计、有合作的用实验收集数据的过程，积累从头到尾思考问题的数学活动经验。 3. 经历把生活中的现实问题抽象成数图形的数学问题。在解题过程中，逐步形成有序思考的良好规律，发展推理能力。 4. 通过提供的"奥运"信息，综合运用所学的知识和方法，解决有关的实际问题。 5. 经历探索平面图形密铺的活动，初步了解一些平面图形可以密铺的道理。 6. 经历从优化的角度解决简单实际问题的过程，初步体会运筹思想在解决问题中的应用。	编码 滴水实验 数图形的学问 奥运中的数学 密铺 优化	5 星：在解决问题的过程中，具备独立思考、合作探究、反思质疑的学习意识和能力；能利用多样化的画图策略解决问题，具备较好的几何直观和直观想象能力。能进行简单的密铺设计，积累相关活动经验，初步培养空间观念。 4 星：在解决问题的过程中，能积极投入到独立思考、合作探究中去；能在一定指导下使用画图策略解决问题，初步具备几何直观和直观想象能力。 3 星：较为积极参加活动，数学知识应用不够灵活，直观想象能力和思维方式需要培养。
五年级	1. 通过动手操作和实践体会相关的数学思想和方法。在学习了"可能"观念的基础上，利用组合来探讨可能性的大与小。 2. 通过探索间隔数与植树棵数之间的规律，初步体会化复杂为简单和一一对应的数学方法。 3. 通过观察、列表、想象等活动经历"找规律"的全过程，获得化繁为简的解决问题经验，培养空间想象力，体会分类、数形结合、归纳、推理模型等数学思想。	掷一掷 植树问题 探索图形 打电话 找次品	5 星：能通过高效学习，在课堂操作活动或合作中积累空间观念、数据分析观念，遇到问题知道化繁为简、优化、找规律，并可以用画图、列表等总结、表述。能在作业中锻炼出较好的逻辑推理和语言表达能力。 4 星：在课堂操作活动或合作中初步积累空间观念、数据分析观念，遇到问题知道化繁为简、优化、找规律，并可以尝试用画图、列表等总结、表述。能在作业中锻炼出初步的逻辑推理和语言表达能力。 3 星：较为积极参加活动，数学知识应用不够灵活，数据分析观念和直观想象能力需要培养。

续表

年级	素养目标分解	课程内容具体化	质量评价标准
	4. 寻求打电话最省时的方案，通过画图、填表等方式发现事物隐含的规律，培养分析、归纳、推理能力。体验数学与生活的密切联系，体会优化思想在实际中的应用。 5. 借助实物操作、画图等活动理解并解决简单"找次品"问题，在此基础上归纳出这类问题的最优分组策略，经历多样化到优化的思维过程。		
六年级	1. 通过观察、操作，认识长方体、正方体、圆柱和圆锥，认识长方体、正方体和圆柱的展开图。 2. 探索给定情境中隐含的规律或变化趋势。 3. 能借助计算器进行运算，解决简单的实际问题，探索简单的规律。 4. 体验某些实物(如土豆等)体积的测量方法。 5. 能从平移、旋转和轴对称的角度欣赏生活中的图案，并运用它们在方格纸上设计简单的图案。能解释统计结果，根据结果做出简单的判断和预测，并能进行交流。 6. 通过试验、游戏等活动，感受随机现象结果发生的可能性是有大小的，能对一些简单的随机现象发生的可能性大小做出定性描述，并能进行交流。	制作包装盒 有趣的计算 美丽的图案 测量不规则物体体积 我想中奖	5星：通过观察、操作等活动，进一步认识轴对称图形，充分感受图形的运动变化，具备较好的直观抽象和空间观念，能充分理解并掌握长方体、正方体、圆柱的体积、表面积以及圆锥体积的计算方法，并能灵活解决简单的实际问题，具备较好的建模思想和运算能力；在具体运算和解决简单实际问题的过程中，充分体会加与减、乘与除的互逆关系。 4星：通过观察、操作等活动，进一步认识轴对称图形，初步感受图形的运动变化；能基本理解、掌握长方体、正方体、圆柱的体积、表面积以及圆锥体积的计算方法，并能尝试解决简单的实际问题；在具体运算和解决简单实际问题的过程中，初步体会加与减、乘与除的互逆关系。 3星：较为积极参加活动，数学知识应用不够灵活，数学建模、运算能力和直观想象能力需要培养。

(研发团队：小学数学组　执笔人：田东晓)

案例　2-2　小学科学学科课程图谱

社会的进步,科技的发展对每一位学生的科学素养提出了新的要求,科学探究素养、科学态度素养以及科学、技术、社会与环境素养的形成要以科学知识素养的培养为基础,科学知识素养将在学科基础课程中分解体现。

表2-3　小学科学学段素养目标

年级	科学探究素养目标	科学态度素养目标	科学、技术、社会与环境素养目标
一至二年级	能在教师指导下对具体现象提出问题,做出简单猜想,了解科学探究需要制定计划、搜集证据;能用语言描述信息,在教师指导下根据观察得出结论,能简要讲述探究过程并交流反思。	能在好奇心驱使下认识自然;能如实讲述科学事实;能在教师指导下围绕一个主题做出猜测和思考;愿意倾听分享和表达。	了解常见科技产品及其带来的便利;了解人类可以利用科技改造自然;意识到保护环境的重要性。
三至四年级	能在教师指导下提出可探究的科学问题,提出合理猜想,制定简单计划并选择恰当的工具;能运用多种感官观察并描述对象的外部特征和现象;能用较科学的词汇、图示符号、统计图表等记录数据并分析和交流。	能表现出探究科学现象的兴趣;实事求是,不轻易相信权威和书本;愿意尝试多种方式完成科学探究,体会创新乐趣;初步具备合作意识和能力。	了解科技对人类的影响;意识到人类不断改进技术以适应人类需求;愿意采取行动保护环境、节约资源。
五至六年级	能基于所学知识提出科学问题,提出有针对性的假设并能说明假设依据;能制定较完整的探究计划,并通过多种方式搜集证据获得和记录信息;能采用不同表述方式,如科学小论文、调查报告等,呈现探究过程与结论并讨论反思完善探究报告。	表现出对事物细节的探究兴趣;尊重证据,不急于下结论;大胆质疑,敢于挑战和创新;接纳别人的批评和意见,综合考虑形成集体观点。	了解科技可以减少自然灾害对人类的影响;了解人类好奇心和社会需求是科技和社会发展的动力;认识到人类与自然环境间相互依存的关系。

一、 课程建设图

卫星发射一般需要三级火箭,类比于课程建设,顶部卫星代表要实现的课程目标,一级火箭代表基础课程,二级火箭代表拓展课程,三级火箭代表研究课程;三种火箭相互支撑将卫星送入目标轨道,三类课程相互依赖最终实现课程目标,整个课程建设图外化为一套整装待发的火箭发射系统。

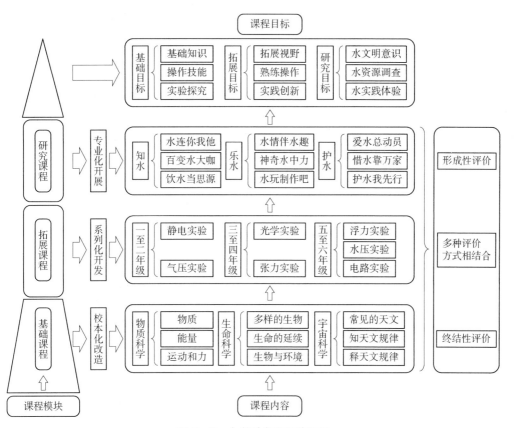

图 2-6 小学科学课程建设图

二、 课程建设谱

(一) 科学基础课程

1. 课程简介

本课程是我校在充分参考义务教育小学科学课程标准的基础上，结合我校学生的认知基础和学校配套设施等实际情况开发的适合我校学生的科学基础性课程，本课程面向我校全体学生，旨在全面高效地提高学生的科学素养。

2. 科学基础课程谱表

表 2-4　小学科学基础课程谱表

年级	素养目标分解	课程内容具化	质量评测标准
一至二年级	观察描述常见物体的基本特征，知道常见的力；认识常见的动植物；知道与太阳、月亮相关的自然现象，知道天气、土壤等对人类的影响；了解常见工具及其功能和使用方法，利用简单工具和材料完成简单任务。	义务教育课程标准实验教科书《科学》一、二年级上、下册	表现出对科学现象的好奇心和兴趣。初步掌握观察事物的方法。最终成绩：课堂表现占 40%（积极思考、参与课堂），家庭实验占 40%（完成相关实验，有家长拍照），期末游园考核占 20%。
三至四年级	测量描述物体特征，描述运动、力的作用，了解能量；了解动植物结构、生命现象、分类等；知道日月运动特征及与其有关的现象；初步了解地球上的大气、水、土壤、岩石的基本状况，初步了解大自然与人的关系。	义务教育课程标准实验教科书《科学》三、四年级上、下册	能表现出主动、有意识的观察兴趣，在老师指导下借助正确科学工具进行简单小组合作，测量并获取数据，简单分析实验信息得出结论。最终成绩：课堂表现占 30%（积极思考、合作、交流），作业本占 30%（正确率、工整），家庭或课外自主探究占 20%（探究过程呈现），期末考核占 20%。
五至六年级	初步了解物质的变化和能量转换；初步了解人体的主要生命活动和人体健康，了解动植物间的相互关系；知道太阳系、星座的概况，知道昼夜交替、四季变化的原因。初步了解地球上一些与大气运动、水循环、地壳运动有关的自然现象及成因。了解技术和工程及其对人类文明发展的作用。	义务教育课程标准实验教科书《科学》五、六年级上、下册	能够提出可探究的科学问题，在教师指导下小组合作制定合理的探究方案，敢于质疑和挑战权威并通过小组协商获得统一的看法，能完成简单的科学论文或调查报告以呈现探究成果。最终成绩：课堂表现占 30%（深度思考、合作、交流），作业本占 30%（正确率、工整），科技小论文、调查报告、小发明等科研成果占 20%，期末考核占 20%。

（二）科学拓展课程

1. 课程简介

本课程以培养小学生科学素养为宗旨，选择贴近我校学生生活的、符合现代科学技术发展趋势的、适应社会发展需要的和有利于学生建造知识大厦永久基础的内容。积极倡导让学生亲身经历探究为主的学习活动，培养他们的好奇心和探究欲，发展他们对科学本质的理解，使他们学会探究解决问题的策略，为他们的终身学习打好基础。

2. 科学拓展课程谱表

表2－5　小学科学拓展课程谱表

年级	素养目标分解	课程内容具化	质量评测标准
一至二年级	能分工协作进行小组合作的探究学习。在合作探究的实验过程中，善于合作，互帮互学。乐于为完成探究活动分享自己的想法，贡献自己的力量。	1. 带电的气球 2. 会喷射的大米：爆米花 3. 自来水会拐弯 4. 铅笔被水"折断"了 5. 载重纸船 6. 水杯倒立不漏水	能主动提出问题。能独立完成相应的实验操作；能够参与学习、观察、实验活动。小组之间能够合作实验，共同探究。最终成绩：参与活动占60%，完成探究并看到现象占20%，课堂表现占20%（积极配合老师和同学，不扰乱课堂）。
三至四年级	乐于尝试运用多种材料、多种思路、多样方法完成科学探究，体会创新乐趣。在进行多人合作时，愿意沟通交流，综合考虑小组各成员的意见，形成集体的观点。大胆猜想，认真实验，主动合作，积极交流。	1. 硬币被水给"融化"了 2. 我们来"造"彩虹 3. 如何快速地将食盐与胡椒粉分开 4. 做一个万花筒 5. 胆小的胡椒粉 6. 水浮回形针	能独立完成相应的实验操作，口头或书面表达结果。小组合作时，愿意沟通交流，综合考虑小组各成员的意见，形成集体的观点。最终成绩：课堂表现占40%（积极思考、合作、交流），实验完成效果占40%（正确组装实验材料，看到实验现象），课外实践创新占20%（呈现课外探究过程，如图片、视频等）。
五至六年级	能大胆质疑，从不同视角提出研究思路，采用新的方法、新的材料完成探究、设计与制作，培养创新精神。在合作、交流过程中，能准确地进行演示、实验，清晰地阐述自己的观点，敢于质疑，勇于答疑，思维有条理性，见解和问题有独创性。	1. 橙子的浮与沉 2. 浮沉娃娃 3. 沉入水中的乒乓球 4. 水顶球 5. 电学黑箱子 6. 灯泡连连看	主动提出问题、分析问题、解决问题，敢想、敢有创意。运用已有知识、理论，推理和发明创造。最终成绩：实验完成效果占40%（正确组装实验材料，看到实验现象），课堂表现占40%（积极思考、交流、提出有价值的问题），课外实践创新占20%（呈现课外创新探究成果，如探究报告、图片视频等）。

（三）科学研究课程

1. 课程简介

水是生命的源泉，是文明的摇篮，是宝贵而有限的资源。每年 3 月 22 日是"世界水日"，那一周是"中国水周"。东师南湖校在"智慧的教育"办学理念指导下，围绕"向美的身心、向善的品格、向上的学力、向真的学识、向新的行动"的"五向标准"培养目标，着力建构"五向"课程群。小学部以学生最熟悉、最喜欢的"水"为抓手，开发"五向"课程的"向善的品格"模组中生态文明课程之"探秘水世界"课程，根据不同学段的学生身心特点设计一系列"知水、乐水、护水"的活动目标及活动内容，培养和提高学生的水法制、水忧患意识，引导学生树立爱水、惜水、节水和护水的意识，切实保护水资源；同时学生通过调查、访问、实践、体验等学习方式，实现跨学科疆界的探究式学习，培养和提高他们勇于开拓的创新精神和动手动脑的实践能力。

2. 科学研究课程谱表

表 2-6　小学科学研究课程谱表

年级	素养目标分解	课程内容具化	质量评测标准
一年级	知道我们的生活离不开水；水资源有限，水十分宝贵。	1. 帮水宝宝搬家 2. 收集节水宣传口号	最终成绩：积极参与并完成"帮水宝宝搬家"活动占 60%，向大家宣传自己收集的节水口号占 40%。
二年级	知道水为我们的生活增添了乐趣；初步树立节水、护水的意识。	1. 在太阳下吹泡泡 2. 绘制节水宣传画	最终成绩：积极参与并完成吹泡泡活动占 60%，绘制节水宣传画占 40%（根据宣传画制作水平适当评价）。
三年级	知道水的三态变化和物体在水中的沉浮；知道节水、护水人人有责。	1. 纸船载重比赛 2. 合作完成一份手抄报	最终成绩：积极参与纸船载重比赛占 60%，获奖加 20%；参与手抄报制作占 20%（根据手抄报制作水平适当评价）。
四年级	知道水可以溶解哪些物质；知道水资源有限，污水需要集中处理以及处理的原理。	1. 水浮回形针比赛 2. 写一则活动或观察记录	最终成绩：积极参与水浮回形针比赛（能够使回形针浮在水面）占 60%，获奖加 20%；完成活动记录占 20%（根据完成水平适当评价）。

续表

年级	素养目标分解	课程内容具化	质量评测标准
五年级	比较几种常用水的不同；调查目前家庭或校园的用水情况，提出合理建议。	1. 生态瓶的制作 2. 家庭或校园用水情况的调查与建议	最终成绩：正确制作生态瓶占60%，能分析原理加20%；完成研究报告占20%。
六年级	了解水的浮力、压力和推力；保护水环境从我做起。	1. 合作完成水顶球制作或操作成功 2. 限水日体验	最终成绩：水顶球操作成功占60%，参与制作加20%；积极参与限水日体验占20%。

（研发团队：小学科学组 执笔人：丛兵滋）

案例 2-3 初中数学学科课程图谱

一、课程建设图

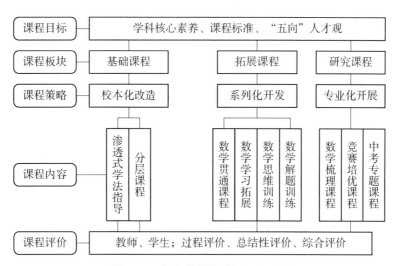

图2-7 初中数学学科课程建设图

二、课程建设谱

（一）初中数学基础课程谱表

表 2-7　初中数学基础课程谱表

基础课程	素养目标分解	课程内容具体化	质量评测标准
数与代数	学习数的认识、数的表示、数的大小、数的运算、数量的估计，字母表示数、代数式及其运算，方程、方程组、不等式、函数等。	有理数；一元一次方程；二元一次方程；不等式；一次函数；二次函数等	螺旋上升地呈现重要的概念和思想，不断深化对它们的认识；联系实际，体现知识的形成和应用过程，突出建立数学模型的思想。
图形与几何	形成对空间和平面基本图形的认识，学习图形的性质、分类和度量，图形的平移、旋转、轴对称、相似和投影，平面图形基本性质的证明；运用坐标描述图形的位置和运动。	图形认识初级；全等三角形；平行四边形；特殊四边形；轴对称等	加强数形结合思想的渗透，体现各部分知识之间的横向联系；循序渐进地培养推理能力，做好由实验几何到论证几何的过渡；从感性到理性，从静到动提高对图形的认知能力。
统计与概率	学会收集、整理和描述数据，包括简单抽样、整理调查数据、绘制统计图表等；处理数据，包括计算平均数、中位数、众数、极差、方差等；从数据中提取信息并进行简单的推断；学习简单随机事件及其发生的概率。	数据的收集与整理；数据的分析；概率初步等	学习统计和概率中蕴含的基本思想；注重实际，发挥案例的典型性；注意与前面学段的衔接，持续地发展提高。
综合与实践	在学习活动中，综合运用"数与代数""图形与几何""统计与概率"等知识和方法解决问题。"综合与实践"的教学活动应当保证每学期至少一次，可以在课堂上完成，也可以课内外相结合。	课本内的阅读材料；课本内的合作探究性材料	突出从实际问题情景中抽象数学模型的过程；内容的编排螺旋式推进，重视数学史料的作用，重视数学的应用，突出知识之间的联系与综合。

（二）初中数学拓展课程谱表

表2-8　初中数学拓展课程谱表

拓展课程	素养目标分解	课程内容具体化	质量评测标准
数学贯通课程	小学到初中的学习,数的范围发生了变化;数的形式发生了变化;解决问题的方法发生了变化;思考问题的方式发生了变化;几何拓展,能力要求不断提升。	1. 从小学的"算术数"向"有理数"发展 2. 从小学的"算术运算"向"代数运算"发展 3. 从小学的"数"向"式"发展 4. 从小学的"算术式"向"方程"发展 5. 从小学的"实验几何"向"论证几何"发展	不能把数学只教成算术,用发展动态的眼光、思维发散地去教数学。让学生能高瞻远瞩地认识小学数学,抓牢数学思考能力的培养,能顺利过渡到初中的学习。
数学学习拓展	培养运用数学眼光观察世界的能力;培养运用数学解决问题的能力;培养动手能力。	梦幻七巧板、多变三角板、折纸大比拼、玩转24点、剪出我精彩	要求学生充分动手,运用数学解决问题。
数学思维训练	数学图形是物质世界和人类文化相结合的一种完善形式。数学是思维的体操,思维是数学的灵魂,在运用数学思想、数学方法去思考和解决问题的过程中,培养辩证唯物主义的世界观和严谨的科学态度。	本课程计划本学期开设12节课,课程设计辅助日常教学,并在日常教学的基础上适当提高,补充一些特殊的数学思想方法,注重解题后的反思提炼,注重题目的变式。	此课程为培优探索性课程,采取师生合作的形式,每节课留下课后任务,学生提前准备完成并订正,第二节课提前五分钟进行两人小组的合作讨论,教师给予评分,最后得出综合分数。
数学解题训练	提高数学成绩,实现喜欢数学、学好数学的目标;激发学习兴趣和学习热情,培养良好的学习习惯,从被动地"要我学"转变为主动地"我要学,我想学,我爱学"。	1. 数学填空、选择题解题策略 2. 数学解答题解答策略 3. 阅读理想型问题解答策略 4. 开放探究型问题解答策略 5. 函数应用型问题解答策略 6. 实验操作型问题解答策略 7. 函数综合型问题解答策略	建立数学模型,利用所学的知识解决各类中考压轴题,能解压轴题。

（三）初中数学研究课程之梳理课程

1. 课程简介

数学梳理课程是学法指导系列校本课程群中的一项,以每周一课时列入课程安排,保障课程化的校本课程能够有序开展。学法指导校本课程依托相应年级相应学科的学习进度,课程内容适度拓展,旨在系统地培养学生由"学会"到"会学"。

2. 课程目标与开设形式

作为学校学法指导校本课程之一,数学梳理课程是从数学角度出发,以相应年级的数学学习内容为入手点,结合数学活动、数学史话、生活中的数学、教科书为学习材料,培养学生"多观察、勤动手、善思考、巧梳理、敢应用"的学法指导课程,旨在激发学生的数学学习兴趣、感受数学学习的有用性,让学生"乐学"。系统地教授数学学习的基本方法,注重培养学生对于数学思维方法和思考方法的感受,培养学生自发提出问题,即学生能够发现问题、提出问题、分析问题、解决问题,使学生能够在解决问题之中更主动寻找最优方法、途径,逐步达到"能学"。数学梳理课程每周五一课时,学生在周五及时通过梳理学习内容进行自我管理,即,每节、每天、每周、每月、每学期的学习结果系统化,从而建立相对完善的认知结构,形成自主学习的能力、良好的学习习惯和反思能力,培养自身"会学"。

3. 课程内容

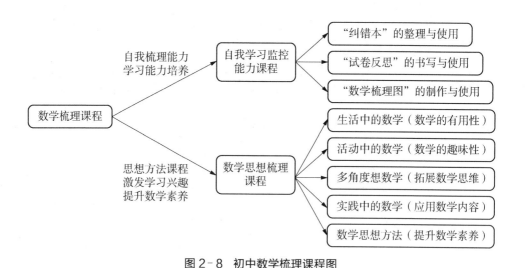

图2-8 初中数学梳理课程图

(研发团队:初中数学组 执笔人:钟伟)

案例　2-4　初中科学学科课程图谱

一、课程建设图

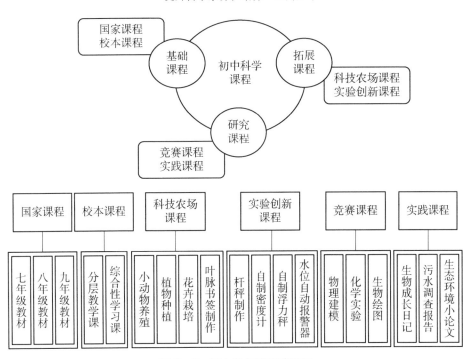

图 2-9　初中科学课程建设图

二、课程建设谱

（一）初中科学基础课程谱表

表 2-9　初中科学基础课程谱表

年级	素养目标分解	课程内容具体化	质量评测标准
七年级	1. 能识别生物与非生物，知道生物的基本特征 2. 观察常见动物，知道这些动物的主要特点，描述其形态和生活习性 3. 区分物质的物理变化和化学变化，了解不同物质具有不同的物理性质和化学性质 4. 了解物质的三态及其变化的特点 5. 了解物体有质量，会用天平测量质量；理解密度所反映的物质属性，会测量固体和液体的密度	物质系统的层次： 观察生物 人类的家园——地球 物质的特性 运动与变化： 代代相传的生命 对环境的察觉 运动和力 地球与宇宙	书面测试形式： 阶段性评价测试 学业水平测试
八年级	1. 知道水的组成和主要性质，举例说出水对生命体和经济发展的影响，知道水的三态特征，能解释自然界中的一些水循环现象 2. 能进行溶质质量分数的简单计算，初步学会配制一定溶质质量分数的溶液 3. 列举人体的主要感觉器官和感受器的结构及功能。说出人体神经系统的组成，以人体温度调节为例说明人体是一个统一的整体 4. 知道电路的基本组成，会画电路图，会连接简单的串联和并联电路，会使用电流表、电压表，通过实验探究理解欧姆定律，并解决简单的电学问题 5. 初步学会利用模型对微观粒子的结构进行认识 6. 理解物质的微观结构和性质之间的关系	相互作用： 水和水的溶液 天气与气候 生命活动的调节 电路探秘 结构与功能： 电与磁 微粒的模型与符号 空气与生命 植物与土壤	书面测试形式： 阶段性评价测试 学业水平测试
九年级	1. 从身边熟悉的典型事例出发，认识周围常见的具体物质，再概括地认识常见的无机物，并了解常见的化学反应以及遵循的基本规律，初步学会研究物质变化的基本方法，更好地领会科学、技术、社会和环境之间的关系 2. 通过大量的实验，学习寻找知识规律的方法。进一步提高分析问题和解决问题的能力，能像科学家那样思考问题及寻找解决的方法，能将科学理论知识应用到解决实际问题之中	转化与平衡： 物质及其变化 物质转化与材料利用 能量的转化与守恒 发展与和谐： 生物与环境 人的健康 可持续发展	书面测试形式： 阶段性评价测试 学业水平测试 模拟测试 中考检测

续表

年级	素养目标分解	课程内容具体化	质量评测标准
	3. 结合生产、生活的实例，积极主动学习；利用大量的实验和探究活动，经历观察、体验的过程，获得直接的、生动的感性认识；通过实际事例，把所学功和能的知识与社会生活密切联系		

（二）初中科学拓展课程谱表

表2-10　初中科学拓展课程谱表

年级	素养目标分解	课程内容具体化	质量评测标准
七年级	1. 利用校园实践活动，培养热爱劳动的感情 2. 利用校园劳动基地，学会种植技能；培养观察动植物的能力 3. 利用校园劳动基地研究种植的空间 4. 通过运用滴灌技术，学会统计数据、分析数据 5. 培养合作互助的精神，完善人格 6. 激发劳动热情，提高实践能力 7. 体会教育与生活、学校与社会的联系	1. 认识植物繁殖方式的多样性，并尝试翻耕土地，用多种方式种植瓜果蔬菜，如营养繁殖的土豆，用种子繁殖的黄瓜、番茄等 2. 搭建大棚，养殖一些常见的小动物，观察记录小动物从幼体发育长大到繁殖下一代的整个过程 3. 制作叶脉书签 4. 花卉栽培	1. 在小组活动中观察评价个体的情感性目标达成情况 2. 通过小组种植的收获情况进行结果评价 3. 通过记录观察日记进行评价 4. 在种植过程中通过问题的解决评价技能的达成程度
八年级	1. 在日常学习中学会并掌握基本的实验操作技能 2. 通过课外对教科书中的部分实验的深入理解，掌握一些实验的设计原理 3. 在老师的指导下，能设计一些较简单的实验	1. 独立完成教科书中四个常见实验：粗盐精制、阿基米德原理、电铃的工作原理、串并联电路的连接 2. 双人或多人合作完成制作杆秤、浮力秤、水位报警器、密度计、小熊跷跷板、水果电池……	1. 在小组活动中观察评价个体实验技能的水平 2. 通过创新实验的效果评价学生的创新实践能力 3. 参加区级、校级科技实验创新活动来评价

（三）初中科学研究课程谱表

表 2-11　初中科学研究课程谱表

年级	素养目标分解	课程内容具化	质量评测标准
七年级	了解生物对环境的适应及影响；通过接触和感知自然与生物，热爱生物，珍惜和保护自然资源	校园生态环境的调查 社区动植物种类调查	成果展示 同学交流 小组评价 调查报告
八年级	关注学校附近河流中的生物，了解该河流的污染情况，知道污染物的来源	收集和交流河流污染的照片及相关资料。测量河流的 pH，对污染的部分找到其原因并提出保护的建议	成果展示 小组评价 调查报告
九年级	通过关注和了解自然，爱护自然，提高环保意识，并对已被破坏的环境提供修补方案	南湖周边植被调查 南湖生态系统调查	调查报告 撰写小论文

（研发团队：初中科学组　执笔人：苏芳）

三、"五向"课程模组与实践

在"五向"课程的五个模组中，学校依据育人目标和五个模组的关键词定位，对国家课程进行校本化改造，对拓展课程进行系列化开发，对研究课程进行专业化开展。

（一）"向美的身心"模组

"向美的身心"与核心素养中的"健康生活"相对应，包括"好习惯、健身体、毅性格、现特长"四个方面。"向美的身心"模组中包含国家基础课程、习惯养成课程群、体育系列课程群、心理系列课程群、艺术系列课程群和 grit 性格课程群。

案例　2-5　"指印绘本·低年级说话写话启蒙课程"方案

一、课程背景

指印画课程是我们学校的校本拓展课程之一，本课程在学校已实践两年有余，2017年我校校长刘学兵博士在上海新校长论坛上对该课程进行推荐，由此我的指印课程受到了新校长传媒记者任培江的关注，并在后续活动中来我校进行调研。任培江记者在聆听了我执教的一堂指印画展示课后，随即与我约稿，《"妙手童趣——创意指印画"拓展课程：指尖上的奇趣大世界》由此刊登在《新校长》杂志中，这进一步坚定了我对该课程研究与探索的信心，力求在更多领域中使学生受益。

指印画是美术教育中富有趣味的一种形式，其玩法新颖、形象多元，简单的指印加上点、线，便能勾勒出一个个富有灵动的鲜活生命体，如指印小人、动物、花卉等。其中的指印小人是我们指印画课程中的明星级人物代表，一个圆圆的指印，加上用线条勾勒出不同的指印人物表情和指印人物动感，我们赋予他一个既符合他形象，又具有其特定气质的名字：豆豆。他有亲爱的爸爸妈妈，还有和他一样聪明机灵的小伙伴。"豆豆"无所不能，他在我们指印画世界中已经成为了全体学生的偶像，他会跳绳、举重、跳高、滚铁环、转呼啦圈，他也会计算、书写、打扫……他的世界里充满了快乐，但也有忧伤，他活脱脱就是学生身边一个学习小伙伴。

如何把这样一个富有灵动生命的指印小人引入语文课程？在学校提出的"聚焦核心素养、实现跨界贯通"中我得到了启示。本人长期从事小学第一学段的语文教学工作，兼任第一学段指印画拓展课教学多年，基于多学科执教者的身份，在引领学生进行不同学科的实践活动中，在如何实现学科间的跨界贯通上产生了一些思考：一是，第一学段写话教学在遵循从说到写的过程中，都强调以"兴趣"为先，但兴趣点应落实在哪里；二是，如何把指印小人"豆豆"纳入写话教学，以他为学生的形象代言人，从而帮助学生建立自我镜像，引领学生借助"豆豆"这一指印人物形象写自己想说的话，写想象中的事物。

基于以上两点思考，深刻解读学校"五向"课程理念，关注"跨界、贯通"两大内涵，将集"指印画、简笔画、漫画"于一体的指印人物"豆豆"引入第一学段语文说话写话教学中来，借"豆豆"之口说学生想说的话，借"豆豆"之行做学生想做的事，加之合理想象，构建以指印图画和文字来讲述学生生活故事的绘本形式，我们创编了"指印绘本·低年级说话写话启蒙课程"。

二、 课程性质

自学校以国家核心素养为要核，根据学生需求构架"五向"课程体系以来，在学校办学思想指导下，我们创编了"指印绘本·低年级说话写话启蒙课程"，本课程意在发展学生的创新精神和实践能力，这是一门指印创作与学习语言文字运用相结合的趣味性课程，凸显"好玩、有趣"这一特点，适合小学第一学段说话、写话启蒙阶段，指导学生在创作实践中促进有序表达。课程紧扣指印人物"豆豆"这一主角，在指印创作中用图片和简短的文字以绘本形式来进行表情达意。创作与表达过程中遵循先说后做、再说后写、依说促写这一原则，在实践中进行说的积累，使写话水到渠成，实现一个较为科学的书面语学习与运用的过程。

三、 课程理念

（一） 全面提高"指印绘本·低年级说话写话启蒙课程"的创作兴趣

指印创作以简单的指印和点、线，描绘出每一个孩童眼中的奇妙世界，尤其是指印小人"豆豆"的人物形象，他能够让学生构建起自我镜像，借"豆豆"之口说自己想说的话，借"豆豆"之行做自己想做的事，在创作中"豆豆"这一人物形象已然成为了自己，他就是每一个孩子的形象代言人。教师在课程实施中引领学生构建起一个完美的理想世界，包含"向美、向善、向上、向真、向新"的"五向精神"。本课程的终极目标是通过指印绘本创作培养第一学段学生对说话、写话的浓厚兴趣。实施过程中以指印图画来叙事，并借此提高学生讲故事、写句子的能力，同时帮助学生建构起良好的精神世界。

（二） 正确把握"指印绘本·低年级说话写话启蒙课程"创作的特点

指印绘本是用指印图画与简短的文字共同叙述一个完整的故事，是图文合奏的，是儿童为自己创作的书，是儿童个人生命体验和艺术体验的独特表达。它能引起孩子的兴趣,和孩子已有的生活经验连接,激发孩子的创作欲望,引起孩子的共鸣,并以指印画为线索在孩子心中创造一个立体的世界。指印绘本还注重画面的连贯性,即画与画之间的衔接、连续,画面力求形成一个连续的视觉映像,将孩子带入情节发展中,其图画与文字相互依存,交织表达,共同承担叙事的责任,它用创造性的方法把语言和指印画这两种艺术以特定的形式综合在一起。

(三) 积极倡导自主、合作、探究的学习方式

学生是学习活动的主体,"指印绘本·低年级说话写话启蒙课程"的构建根据学生身心发展规律,以及第一学段学生的年龄特点,呵护学生的好奇心与求知欲,鼓励学生自主创编、自由表达。教学内容紧扣有趣的指印小人"豆豆"进行拓展创作;教学方法的选择充分尊重学生个体的精神世界,鼓励自己做主、自我管理,同时鼓励同伴间的合作与探究,在故事情节的发展上倡导源于生活,鼓励合理想象;评价方式的设计注重形成性评价,发现问题及时反馈、改进,评价主体要多元与互动,评价要凸显激励性功能,能从正面加以引导。

四、 课程设计思路

(一) 确立科学的教学目标

教学目标是课程设计的基础工作。"指印绘本·低年级说话写话启蒙课程"的构建,充分解读第一学段学生的年龄特点、心理特点,在分析学生个性特点的基础上确定教学目标,目标的确定注重知识与技能、过程与方法、情感态度与价值观。

(二) 设计富有趣味的教学内容体系

"指印绘本·低年级说话写话启蒙课程"是一门涉及美术和语文学科的跨界课程,兼顾第一学段学生的知识与技能。"入门训练场"凸显欣赏与发现,让学生通过对指印世界里的指印小人、动物花卉的接触了解,在欣赏中发现美,激发参与创作的情感意识;"入门训练场"重点工作是引领学生掌握一些指印创作的基本技能与要领,为后期的创作与表达打下坚实的基础。"快乐的假期、多彩的校园"两个部分属于创作与表达环节,在"入门训练场"的基础上,鼓励学生联系生活实际并展开合理想象进行创作活动。最后,在配套作业创作手册中给出一个"自主创作园地",这是给予学生对前期学习所获得的知识与技能的一个迁移与运用的环节,鼓励学生离开教材自主创作,给予

充分的自主、自由，也是对前期学习活动的一个综合考量。

（三）运用合适的教学载体与方法

指印小人"豆豆"、植物花卉、飞禽走兽是"指印绘本·低年级说话写话启蒙课程"的内容载体，借以实现本课程的教学目标，教学过程中要加强基础技能的练习，鼓励合理想象，由此培养能力，养成习惯，提升学生的道德品质以及情感、意志、性格等个性心理品质。整个活动过程凭借教材学，凭借教材练，在学练过程中为学生语言的发展、选择提供充足的材料，使学生的语言从贫乏走向丰富，由幼稚走向成熟。在教学方法的选择上，尊重学生的个性特点，鼓励自主、合作、探究式学习。

（四）构建高效的教学评价体系

"指印绘本·低年级说话写话启蒙课程"的课程评价是本课程中的重要组成部分，科学全面地进行本课程的教学评价，不仅能够帮助教师掌握学生心智及创造力的成长情况，还能及时给予学生启发和帮助，使教师明确学生表现自我时的技能需求并给予指导，也有助于学生了解自己的创作状况，明确努力的方向。在指印画教学中本课程评价应做到"四要"：评价方式要多样，评价语言要得当，评价过程要及时，评价过程要多元。

五、 课程目标

（一）总目标

① 依据教材中的指印绘本作品，展开看指印图编故事的说话训练，促进观察、想象、表达、倾听等能力的提升。

② 学习用指印、点、线创作人物形象及情境，并借助创作的作品用连贯有序的话语讲述或者撰写作品故事，表达真实情感的同时态度自然大方，有表达的自信心。

③ 在制作活动中培养良好的卫生、倾听、表达等习惯，以及进行思想情感的感悟与熏陶，成为"向美、向善、向上、向真、向新"的"五向少年"。

④ 能将习得的指印技能进行迁移和运用，自由展开想象进行自主创作，激发创造精神，发展实践能力，助推口语表达，提升从说到写的书面语的运用能力。

（二）各章教学目标

表2-12　"指印教学·低年级说话写话启蒙课程"各章教学目标

第一章　入门训练场	学习领域：欣赏·发现
单元目标	
1. 通过欣赏指印画优秀作品,激发学习与创作的热情。	
2. 初步了解指印画创作所需用品,以及指印创作的基本技能与方法。	
3. 能够用指印画印泥、纸和铅笔,进行大胆、自由的创作,把感兴趣的事物表现出来,体验指印画的乐趣。	
第二章　快乐的假期	学习领域：创作·表达
单元目标	
1. 围绕"快乐的假期"这一主题并借助指印、点、线创作人物形象"豆豆"及假期生活画面,图文结合讲述故事情节,表达自己的情感体验。	
2. 欣赏指印画作品,能用连贯的话语大胆讲述作品的故事情节,激发指印绘本创作的乐趣。	
3. 在活动过程中培养良好的卫生、倾听、表达等习惯,以及进行思想情感的感悟与熏陶,成为"向美、向善、向上、向真、向新"的"五向少年"。	
第三章　多彩的校园	学习领域：创作·表达
单元目标	
1. 在活动过程中学生良好的卫生、倾听、表达习惯,以及进行思想情感的感悟与熏陶,成为"向美、向善、向上、向真、向新"的"五向少年"。	
2. 围绕"多彩的校园"并借助指印、点、线创作人物形象"豆豆"及校园生活情境,图文结合讲述故事情节,表达自己的情感体验。	
3. 欣赏指印画作品,能用连贯的话语大胆讲述作品的故事情节,激发指印绘本创作的乐趣。	
第四章　自主创作园地	学习领域：自主·创作
单元目标	
1. 在前期指印绘本的创作基础上,联系生活自主确定指印绘本主题,借此表达自己的情感体验,并图文结合表述故事情节。	
2. 欣赏指印画作品,能用连贯的话语大胆讲述作品的故事情节,激发指印绘本创作的乐趣。	
3. 在活动过程中培养良好的卫生、倾听、表达等习惯,凸显"向美、向善、向上、向真、向新"的"五向少年"的行为准则。	

六、课程内容

（一）内容设置

本课程是一门涉及美术和语文学科的跨界课程,第一章"入门训练场"凸显欣赏与发现,引领学生在欣赏中发现美,在欣赏中激发参与创作的情感意识,引领学生掌握一些指印创作的基本技能,为后期的创作与表达夯实基础;"快乐的假期""多彩的校园"两个部分属于创作与表达环节,在"入门训练场"的基础上,鼓励学生联系生活实际并展开合理想象进行创作活动,再现自我真实的生活情境,为后续说话写话做好铺垫;"自主创作园地"是学生对前期学习所获得的知识与技能的迁移与运用环节,鼓励学生自主创作,也是对前期学习活动的一个综合考量。整个内容板块清晰,编排上体现层次性与递进性原则,循序渐进,由浅入深,遵循儿童创作"指印绘本故事"的身心特点。

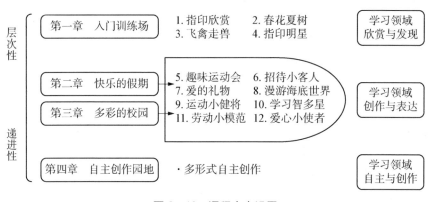

图 2-10　课程内容设置

（二）课时安排

本课程共安排 22 课时。

表 2-13　课程实施计划

序号	学习主题		活动安排	课时安排
1	第一章 入门训练场	指印欣赏	入门训练	1
2		春花夏树	入门训练	1

续表

序号	学习主题		活动安排	课时安排
3		飞禽走兽	入门训练	1
4		指印明星	入门训练	1
5	第二章 快乐的假期	趣味运动会	创意实践	2
6		招待小客人	创意实践	2
7		爱的礼物	创意实践	2
8		漫游海底世界	创意实践	2
9	第三章 多彩的校园	运动小健将	创意实践	2
10		学习智多星	创意实践	2
11		劳动小模范	创意实践	2
12		爱心小使者	创意实践	2
13	第四章 自主创作园地	豆豆的趣味日记	迁移运用	2

七、课程实施

(一) 实施原则

1. 以人为本原则

本课程的实施要充分体现学生的自主选择性，为学生自主学习、个性发展创造条件；要发挥教师的主动性，以教师的发展为导向，努力创造师生共同成长的人文环境。

2. 需要性原则

本课程的实施要与学校教育理念相一致，要与学校的人才培养目标相一致。在实施内容上要具有更大程度的亲和力，贴近学生生活，在操作上要具有更大的灵活性和弹性，一切都要基于学生需要的原则。要依据学生的需要，依据学生的兴趣和爱好来决定课程实施的方向，要立足于"为了学生的发展服务"，要培养学生的个性。

3. 渐进性原则

本课程是我校新开发的一门课程，还需要进一步的学习、探索和实践，本课程实施的终极目标是通过指印绘本助推学生说话、写话能力的提升。在推进的过程中，教师要和课程一起成长，要积极探索有关本课程实践操作的方式方法，及时进行教育反思，做到一边学习，一边开发，一边实施，一边反思，一边改进完善。

（二）实施建议

在了解本课程教学内容安排的总体思路后，要谈谈如何以学校"五向"课程理念指导本课程教学。在教学中必须注意以下几个方面。

1. 创设情境，激发指印绘本创作兴趣

我们都知道兴趣是学习的动力，所以要充分调动学生的积极性，把学生的求知欲、好奇心激发起来。如指印小明星"豆豆"这一人物形象，他小巧、可爱、机灵、多才多艺，有自己的理想与追求，善良并富有爱心，是一个惹人喜爱的指印小人。他能够构建起学生的自我镜像，促使学生借"豆豆"之口说自己想说的话，借"豆豆"之行做自己想做的事，在创作中"豆豆"这一人物形象已然成为了自己，他就是每一个孩子的形象代言人，他就是"五向少年"的缩影。他和孩子已有的生活经验连接，激发了孩子的创作兴趣，引起了孩子的共鸣，因此执教者要紧扣指印明星"豆豆"，以他为线索引领学生进入另一个世界，积极有效地帮助学生树立起自我镜像，引领学生在潜移默化中提升思想道德情操。

2. 获知感悟，掌握指印绘本创作的知识与技能

"指印绘本•低年级说话写话启蒙课程"第一章节"入门训练场"是学生了解学习指印绘本知识与技能的阶段，这一阶段主要采用"知识讲授法""过程演示法""讨论探究法""观察发现法"等教学方法，有效展开教师讲解与师生互动、生生互动的联动，使学生掌握指印绘本的基础知识和基本技能。第二到第四章节是"创作•表达"与"自主•创作"的环节，三个环节的教学可以借鉴美术课程四个不同领域的具体要求，即"造型表现、设计应用、欣赏评述、综合探索"四个领域，每个领域都需要学生学习掌握一些知识与技能。

3. 实践体验,感受指印绘本创作的快乐

学以致用,学到的知识和技能只有通过自身的实践,通过自己动手操作才能加深印象,从而消化理解,终身不忘,这个过程也是学生感受快乐的过程,教学中建议采用"情境激趣法",以创编故事或播放音乐等方式,给学生创造一个轻松愉快的环境,引发成员之间的探讨,进一步明确创作方法与步骤,以及创作注意事项,感受参与实践给每个学生带来的快乐,陶冶学生的情操。

4. 展评作品,收获指印绘本创作的成功

美是创造出来的,学生的每件作品都是对学习内容的理解与反映,更需要老师和其他学生的认可。有效的评价是指印画课堂有效教学的关键,指印绘本创作是反映学生自己的所见、所闻、所想的,教学中要重视学生的自我评价。学生与学生之间更了解彼此的兴趣、爱好,更容易沟通情感,更能读懂彼此作品的内涵,因此在学生评价中我们可以在学生自评的基础上,充分调动其他学生共同评价,让同学之间互相学习、取长补短,使作品中存在的问题得到及时的解决。让学生相互评价,用学生的眼光欣赏学生的作品,这是教师不可替代的,同时对学生的情感进行培养也是本课程的目标之一。

八、 课程评价

"指印绘本·低年级说话写话启蒙课程"的评价体系是本课程中的重要组成部分,科学全面地进行本课程的教学评价,不仅能够帮助教师掌握学生心智及创造力的成长情况,还能及时给予学生启发和帮助,使教师明确学生表现自我时的技能需求并给予指导,也有助于学生了解自己的创作状况,明确努力的方向。在教学中本课程评价应做到"四要"。

1. 评价方式要多样

正确面对学生间的差异性,因此教师评价的方式要多样。

① 整体评价。整体评价是促进指印画班全体学员正确认识自己、全面提高自己的评价方式,具有一定的激励性。

② 分小组评价。积极创建活动小组,鼓励小组间成员的竞争,引发小组成员在回答问题、指印创作、遵守纪律等方面树立标准,同时增进活动趣味性,促使成员在指印创作过程中专注于课堂,提高学习效率。

③ 个别评价。个别评价主要针对课堂教学中的一问一答或者就学生的某一幅作品进行点评。个别评价要面向不同层次的学生,可以是师生的口头交流,单幅指印画作品创作评价等。

2. 评价语言要得当

课程实施过程中,教师要注意用上美术语言来评价,让学生从小树立一种正确的美术观,让孩子们在欣赏生活、欣赏作品时有一双美术的眼睛。教师在评价时,一定要有针对性,比如要具体到构图、形象、线条、色彩等多方面。在评价时还应尊重学生程度差异,用儿童的眼光去解读学生作业,优生提高标准,中差生降低要求,寻找进步点,发现闪光点。

3. 评价过程要及时

指印教学过程中,如果学生在创作阶段出现的不足不能得到及时点评,那么作品创作中呈现的错误就没法得以更正,因此教师应该针对"指印纹路的清晰度、点和线条的运用、图画页面的布局与构思"等加以及时的点评,以便学生能够创作出更加完美的作品。另外,在口头交流、沟通过程中,教师也应该用上激励性的话语,促使学生能够使用连贯的语言,大胆表达自己的想法,把自己的作品介绍给别人,并能相互欣赏;对有不同添画方法、想象力丰富的孩子及干净整洁的作品给予及时鼓励,从而激发学生的创作热情。

4. 评价过程要多元

① 学生评。主要采取互评和自评的办法。用学生的眼光欣赏学生的作品,是教师不可替代的,指印作品完成后,要及时进行对比展示,引发学员间的互相评价,促进学生提高品评作品的能力,从而吸取其中的优点为己所用。针对没能参与展示的作品,建议采取学生自评的方法,指印绘本创作的主题是反映学生自己的所见、所闻、所想,从某种程度上讲,只有学生自己才最了解他的作品,因此让学生自己找出画面中的优点和不足,促进学生在以后的创作中进一步提高自己的创作水平。

② 教师评。在互评和自评中,可以穿插老师的评价,最后的总结性评价也非常关键,主要应以激励的话语来进行,以提高学生的学习兴趣,激发学生的创作激情。

总之,课程评价中,教师始终要以一种发展的眼光来对待学生的创作,评价过程要凸显激励功能。

案例　2-6　"布艺饰界"：小学中段布艺创作课程方案

布艺是我国一种传统的手工艺术。手工布艺富于变化,造型生动活泼可爱,宜于儿童想象和智力的开发。实践证明,布艺 DIY 是一个手脑并用的过程,既可开发儿童的智力,培养儿童的注意力、观察力、想象力和理解力,又可促进儿童手肌肉群的灵活性和大脑的发育。因此,我准备对孩子进行 DIY 布艺的培养,希望通过布艺特色活动,使孩子学会简单的布艺制作方法,并正确掌握制作布艺的技能技巧,从而进一步培养孩子爱动脑、爱动手、不怕困难的精神。

一、课程价值分析

布艺是一门综合艺术,它在增强学生的审美情趣的同时提高了学生的动手能力;丰富学生课余生活的同时陶冶了他们的情操;让他们心灵手巧的同时激发了他们的自信心和成就感。

在现实生活中,由于生活条件的优异,以及父母对孩子的溺爱,学生对针线、布艺等接触得少,技法基础几乎为零。但是,学生爱国、爱自然、爱艺术的热情并不少,这是最为宝贵的东西。艺术的表达不能缺乏情感,学生高贵的心灵是学习最好的基础。开设这一课程,通过一系列手工制作活动,培养他们的耐心、细心的学习品质,提高观察力、创造力,从而使他们更加热爱生活,在生活中发现美、创造美,用自己的双手编织美好的未来。

1. 在活动中把学生的兴趣与专注力培养结合起来

学生按老师的要求来做事情,总是心不在焉,而做其感兴趣的事情时,却能全神贯注、专心致志。通过各种形式的布艺制作活动,使学生在动脑动手的过程中保持高度的注意力,引导学生体验活动,着重培养学生对手工制作的热爱,从而增强学生主动学习的热情。

2. 在探索实践中培养学生的动手能力

布艺制作形式多样,趣味无穷,难易结合,寓教于乐。通过手工制作,让学生享受乐趣的同时，全面提升学生的动手能力。在作品呈现的过程中，学生更容易积极参与、主动发现，教师宜抓住这点深入改造，进而培养学生的动手能力、手眼脑的协调能力。

3. 在设计欣赏中发展学生的创新思维

手工制作包含着先人的智慧和无限的创意可能。如何在先人智慧的基础之上创造出符合现代人需要的新发现？布艺创作在培养学生想象力和创造力等方面有着十分重要的作用。本课程以创意创新为导向，通过观察、发现、尝试、创作等环节启发学生，使其在活动中学会与人合作，自主探究进行解决，增强作品质量意识、竞争意识、合作意识，培养创新能力。

二、课程设计思路

以布艺学习内容来划分学习领域，本课程分"漂亮蝴蝶结""多彩花朵""可爱布偶""创意牛仔"四个学习领域(见图 2-11)，以此发展学生利用丝带、棉布、不织布、废旧牛仔布等布艺材料的不同制作方法。

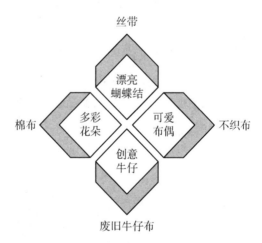

图 2-11 "布艺饰界"课程框架图

根据学生的发展水平和手工学习的具体特点，我们主要从"漂亮蝴蝶结、多彩花朵、可爱布偶、创意牛仔"四个单元设计课程和学习活动(见表 2-14)。

表 2-14　学习领域、学习单元与设计思路关系表

单元	学习领域	设计思路
漂亮蝴蝶结	丝带	本单元主要是利用丝绸材质的带子进行蝴蝶结的制作，由最基础的做起，然后进行不同风格的蝴蝶结的创作，最后是让丝带与珠子结合进行创作。学生每制成一件作品，就是一次智慧的闪光，不断地制作，会使学生的才智逐步发展，逐渐产生改革作品的愿望，闪耀出创造的火花。
多彩花朵	棉布	本单元以棉布为主要材料。学生初步接触用针线缝制，在老师的指导和作品欣赏中，小组探究多彩花朵的制作要领。花朵制作是各种各样的，学生通过自己的观察分析和动手操作，不断发现新创意带来的惊喜。
可爱布偶	不织布	本单元以不织布为主要制作材料，通过画图、裁剪、缝制等制作成可爱的小动物形象。学生动手实践更多的手工操作基本技巧和方法，利用亲手制作的作品进行故事演绎，在兴趣中学习，在学习中快乐，在快乐中自信，在自信中进取。
创意牛仔	废旧牛仔布	通过前几个单元的实践制作，学生已经基本掌握了一个作品的制作过程，本单元在学生掌握手工操作技能的基础上，让学生了解如何对废旧物进行联想，使学生从心灵深处感受到废旧物品变美的可能，调动其操作积极性，小组合作交流进行创作。

三、课程目标

通过教学，培养学生对手工制作的兴趣与爱好，学习基础知识和基本技能，培养学生健康的审美情趣和良好的品德情操，培养学生的观察能力、想象能力、形象思维能力、创造能力及动手实践能力。在校内外营造出浓厚的文化氛围，把这一传统学科真正传承下去并发扬光大。

表 2-15　"布艺饰界"单元学习目标

单元	学习领域	学习目标
漂亮蝴蝶结	丝带	1. 培养学生认真观察的良好习惯。 2. 锻炼、培养学生的动手能力，发现和发展学生多方面的潜能，丰富学生的课外生活，培养学生的思维能力、想象力、创造力。

续表

单元	学习领域	学习目标
多彩花朵	棉布	1. 培养学生认真观察的良好习惯。 2. 引导学生主动思考,在不断探索中学会主动学习,掌握手工操作的基本技巧和方法。 3. 培养学生的自信心,学生做完作品,拥有的不仅是作品,更有着满满的强烈的成就感。
可爱布偶	不织布	1. 学生初步学会画图、裁剪、缝制等手工操作的技能技法,锻炼学生的动手能力,陶冶情操。 2. 帮助学生在兴趣中学习,在学习中快乐,在快乐中自信,自信中进取。 3. 培养学生的科技意识,全面提高学生的科学素养。进一步开发学生的创造性思维和创造能力。
创意牛仔	废旧牛仔布	1. 密切学生与生活的联系,引导学生发现身边废旧物品开发改造,培养学生的观察能力和动手操作能力。 2. 培养学生创新意识,能够根据废旧牛仔布和自己的生活需要进行创作,重新利用好废旧物品,从而培养学生节约减排的意识。 3. 培养学生小组合作意识,与同伴沟通交流的能力。

四、课程内容

(一) 内容设置

本课程根据学生的发展水平和手工学习的具体特点,主要设置了四个单元学习内容,这四个领域既是独立的又是相互联系的。独立的是因为布料材质不一样,比如丝带手感光滑而柔软,一般都是涤纶材质,或者尼龙材质的,剪下来的丝带容易抽丝,需要用火烧边才能制作;比如不织布不是由一根一根的纱线交织编结在一起的,而是将纤维直接通过物理的方法粘在一起的,所以这样的布料是抽不出一根根的线头来的,质轻,柔软,透气,容易造型。四个领域的布料材质不一样,制作过程的注意点以及作品效果都不一样,这样有助于学生掌握多领域的知识与技能。四个领域的制作均属于入门基础,若要在这四个领域进行创作,还有很大的空间。但是四个单元的内容又是相互联系的,主要呈现在活动过程中的手工技艺上。第一单元蝴蝶结的活动内容主要采用胶棒粘合的技艺来制作,但是在第三课安排串珠内容,就是让学生尝试穿针引线,进行简单缝制,为之后的三个单元的缝制活动打好铺垫。第四单元内容主要以牛仔布入手,寻找身边的废旧布料进行创作,是学生对前三个单元学习所获得的知识与技能的迁移与运用,鼓励学生自主创作,也是对前期学习活动的一个综合考量。这样的内容设置循序渐进,由浅入深,遵循儿童创作的身心特点。

(二) 课时安排

本课程共计 25 课时。其中"漂亮蝴蝶结"3 课(9 课时)、"多彩花朵"3 课(6 课时)、"可爱布偶"2 课(6 课时)、"创意牛仔"2 课(4 课时)。其课程内容见表 2-16。

表 2-16　"布艺饰界"课程内容

序号	学习主题		学习领域	课时安排
1	第一单元 漂亮蝴蝶结	蝴蝶结发饰	丝带	3
2		不同风格的蝴蝶结		3
3		串珠蝴蝶结		3
4	第二单元 多彩花朵	樱花	棉布	2
5		桃花		2
6		太阳花		2
7	第三单元 可爱布偶	可爱的动物布偶	不织布	3
8		漂亮的植物布偶		3
9	第四单元 创意牛仔	布条头花	废旧牛仔布	2
10		简易收纳袋		2

五、 课程实施建议

① 积极培养学生对布艺创作的兴趣,兴趣是感受力的基础和前提,只有孩子对布艺感兴趣了,他才会注意看,注意听,耐心体验、观察、感受,才会对布艺感情越深。

② 要在学生有兴趣的基础上,加以提炼和升华。教给学生掌握一定的手工编织的技法,让学生进行手工加工和创作。

③ 要开展多种多样的展览,鼓励学生不断进步,不断提高。教师的表扬能在一定

程度上帮助学生建立一种自信,而周围同学的赞扬与认可将能在更大程度上给这个学生极大的自信,最终培养学生布艺手工制作这门艺术的良好感觉。

六、 评价建议

(·) 评价内容

① 学生参与布艺创作的态度及表现。教师要注意学生良好的操作习惯的培养,同时加强纪律、安全教育的教学,初步培养学生的作品质量意识。

② 学生手工创作的成果作品。评价以激励为主,突出精品,评价要及时,并做好学生手工作品的收集存放工作,定量评价等第设 5 星级、4 星级、3 星级三档开展。

③ 教师实施课程情况评价。教师加强现场教学,提前做好布艺作品,通过操作示范,使学生掌握教学内容,并通过自身努力形成技能技巧。

(二) 评价形式

① 动态评价:结合学生手工制作的学习能力、学习态度、情感价值观等方面的差异做到动态评价。即课上让学生将作品展示,相互欣赏、相互交流、相互诊断,教师近距离地进行面批,可以掌握和发现学生在活动中的优点和存在的问题。

② 拓展评价:拓展作业评价的途径。教师将作品的造型表现、基本技能、综合探索等进行集中教学。学生在教师的指导下,课堂上完成教师规定的作品,但是更多的练习及创作活动要延续到课外。教师尊重学生自主学习的愿望,满足学生在学习内容、时间、地点、学习伙伴和学习形式上的自由选择。对于一部分在课后完成的作品,可以让课余小组成员进行互评,或者让家长进行评价,或者用摄影或拍照的形式发布在群里举行网上评价。

③ 平台评价:每个学期,学校层面建立学生作品展览站,展示精品或者创意有个性的作品,激发学生学习的兴趣,让学生感受自己的成就,体验布艺活动的乐趣。

案例　2-7　"童画色彩"课程方案

儿童绘画作品中的色彩是儿童对这世界的最初印象。有科学研究表明,儿童是通过对色彩的先一步认知再进行具体的形的感受,从而对整个物体产生具体的了解。随着社会的发展和人的审美需求的不断提高,儿童绘画作品中,色彩作品正在以更崭新的面貌和形式出现,新的形式、新的构图和新的材料层出不穷,这丰富了少儿美术的内容,也为学生们更好地学习美术、热爱美术打下坚实的基础。

通常色彩的学习是美术专业学习的基础和准备,是建立在素描造型学习的基础上,所以在"童画色彩"教学的课程安排上,也是遵照循序渐进的原则。本教材主要针对的是中段学段的写生,以跟色彩有关的学习作为维度标准,在学习的深度上有所挖掘。学习内容主要涵盖构图的基本方法、油画棒、水粉、水彩、色彩创作与实践等,从而使学生在色彩的综合运用上具有一定的审美思维能力和技法。教学旨在使学生在具有一定绘画技巧的基础上,通过对各类色彩工具的体验与实践,进一步学习美术的色彩知识,感受色彩绘画与其他艺术语言的区别,从而提高审美和造型的能力。这对未来的形体透视规律的学习和形体压缩原理的理解和认识有一定的帮助和促进作用。

色彩的学习针对中段的学生来说是新颖并且有趣的。学生能在学习之余,用手中的画笔丰富生活。我们希望学生在小学阶段通过色彩的基本训练和工具的尝试,对色彩知识有更深入的了解和学习兴趣。学生所学的知识可以灵活运用,无论遇到怎样的美术色彩问题,都能灵活机动地应对,并且充满创意。"童画色彩"的教学让学生不仅能得到一定的美术技巧,也能得到新的创作体验。在绘画的过程中,学生们可以充分展现自己独特的审美趣味,在实践中找到学习美术、学习色彩的乐趣。在创作的过程中,学生加深对生活的观察和体验,对色彩的发现及热情,从而培养爱生活、爱家乡、爱祖国的社会责任感。通过色彩的练习,学生完成对美术工具的多种体验,激发和带动对美术的热爱,也为日后的美术学习奠定扎实的色彩基础。

一、课程目标

学生了解色彩的工具与种类,学习多角度地欣赏和认识各类色彩作品,并巧妙地运用不同的媒介材料进行替换、创作,在探究式色彩研究的学习氛围中培养参与意识、动手能力、合作能力、探究实践能力、文化创意能力;继承和发扬美术中精彩的文化,学会走出校园,从生活和博物馆中去观察、提炼和学习,从而发展跨学科学习素养和能力,增强社会责任感。

表 2-17　"童画色彩"课程学习目标

序号	单元	学习目标
构图单元	一	1. 多维度观察、比较和分析，体会构图的重要性和原理，掌握一定的构图方法。 2. 通过活动过程的体验，提高绘画的基本构图能力。 3. 理解构图的要素和特点，培养有意识组织画面的能力。
油画棒单元	二	1. 了解油画棒涂色的基本技法和相关理论。 2. 通过实践活动体验，提高色彩搭配及运用能力。 3. 学会运用油画棒进行创意涂色，培养创新精神及活学活用的能力。
水性材料单元	三	1. 了解水粉画和水彩画的创作方法及材料的不同特性。 2. 合理运用所学知识进行艺术再创作，提高实践动手能力。 3. 感受速写的艺术内涵，培养积极乐观的生活态度。
创意实践单元	四	1. 通过对速写题材和技法的认识，了解速写的人文历史及特征。 2. 能用生活中的常见材料进行替换、创作，培养速写文化艺术的现代视觉文化创意实践力。 3. 利用创作的童趣速写作品装扮校园，并通过相关的设计与宣传培养团队协作能力及社会责任感。

二、课程内容

本课程共计 13 节课，其中构图单元 3 节、油画棒单元 3 节、水性材料单元 4 节、创想实践单元 3 节，教学总课时数为 26 课时，每周 2 课时。其课程内容见表 2-18。

表 2-18　"童画色彩"课程内容

单元	课时	内容概要
构图单元	6	通过"有魔法的构图""摄影达人""水果啊水果"等课程，学生经历从了解构图法则，到生活中的观察与应用，再到自己独立摆放水果等一系列尝试，运用本单元所学的知识，用自己的眼睛去观察，用自己的小手动手摆一摆，从而学会一些构图的基本法则。
油画棒单元	6	从"多彩的花朵"开始，紧接着"你好梵高""致敬大师"等课程，逐步深入学习与探究，从一开始的基础练习，到向大师膜拜，再到自己成为油画棒运用的小达人，学生迅速掌握油画棒这一材料的基本使用方法和创意玩法，从而进一步将油画棒的应用进行创新。

续表

单元	课时	内容概要
水性材料单元	8	通过"认识水性材料""奇妙的色盘""夕阳掠影""炫彩的星空"等课程的欣赏与实践参与，学生学会水性材料(以水粉、水彩为主)的创作方法，并能把所学的绘画技法运用到自己的创作中。
创意实践单元	6	"林海雪原""主题创意课""鹤乡向海"是让学生对前面所学的知识进行提炼和总结，运用多种材料和方法，将崭新的有创意的作品呈现出来，更好地掌握一些技法，也更加热爱生活，喜欢美术创作。

三、课程实施建议

本课程实施过程中要注重对学生实践能力、探究能力、审美能力和创新精神的培养。在教学中，应该联系生活，创造条件，多给学生创设实践活动平台，提供感悟各类优秀色彩作品的机会，用观察和比较的方法，引导学生展开联想、大胆创新。在教学过程中，我们要帮助学生获得亲身体验，从而形成学生会学、乐学、善学的学习现象，最终激发学生的应用与创新的意识。

作为老师，我们应善于认真学习，向大师学习经典的绘画技艺，在这样的学习过程中找到适合传授给学生的绘画技法，并根据学生的学习特点总结经验，设计分层的体验和作业，将掌握的知识传递给学生，以履行"传道授业解惑"的师道职责。在教学中，教师根据需要可用欣赏与实践相结合的形式来教学；也可以节选部分单元课程重新调整组合，进行边欣赏边实践的教学组合，以便开展有效的教学活动。

第一单元　构图单元

本单元围绕构图展开教学，要求学生着重了解构图的一些基本法则，初步体验构图在摄影中的应用，并通过构图的学习，完成对绘画中的构图的初步分析，从而形成在作画之前先完成构图的良好习惯。

第1课"有魔法的构图"(2课时)

操作建议：本课让学生通过对一些构图法则的欣赏，感受在作画之前构图的重要性，并结合自己的理解，说一说构图在绘画中所起的作用；通过观察构图法则下的绘画作品,理解合理的构图就像是施了魔法一般,让画面更加突出重点和吸引人。

注意事项:教师在欣赏教学中,不要急于用简单的讲解代替学生的感性认识,多给学生感悟艺术作品的机会,通过比较、讨论等方法,引导学生体验、思考、鉴别、判断,提高他们的审美情趣。

第2课"摄影达人"(2课时)

操作建议:本节课的重点是根据摄影的图片向学生讲解摄影中构图的重要性。将手指组成取景框的方法教给学生,根据图片和实物的对比,找到拍摄的角度;也可以运用iPad转屏的方法对同一张图进行取景,并根据提出的故事梗概对既定图片进行翻拍,从而将照片连成一个完整的故事。本课作业操作技能要求和工具的配备难度均较高,因此本节课应注重引导学生在初步体验构图时,理解取景远近大小的原则,这也是本节课的创意点。

注意事项:教师在课堂上仍需要适当地进行具体示范,加强学生的感性认识。示范步骤要清晰,有一定的启发性,保证全体学生看清。同时,避免学生为了拍照你争我抢的场面,注意拍摄现场的指导与把控。

第3课"水果啊水果"(2课时)

操作建议:这节课是学生在学习构图的基本知识后首次在纸上运用。学生将水果参考物根据自己的构图想法,呈现在纸上。在这期间,教师应带领学生再次复习构图的几项基本法则。

注意事项:老师要鼓励学生主动地学习探究,通过观察、思考、询问等活动,对构图进行系统地了解;引导学生在美术创作活动中,将构图的意识思考放于先,并开展探究性的学习,从而发表自己独特的美术见解。

第二单元　油画棒单元

第4课"多彩的花朵"(2课时)

操作建议:教师让学生和以前的油画棒画花朵的方式进行对比,以梵高的向日葵为例,观察梵高的用笔方式,尝试使用油画棒和彩砂纸来画一画花朵,感受渐变色和韵律的笔触,同时感受油画棒这一工具的最新用法。

注意事项:学生通过自主发现、自主感受,培养发现精神;通过油画棒和彩砂纸的运用,感受美术工具特殊的表现力。从幼儿时的美术工具入手教学,符合学生实际的技能水平。

第5课"你好梵高"(2课时)

操作建议:在前面一节课的基础上,本节课主要让学生分析梵高的作品并尝试创作,通过观察大师的作品而从中掌握一定的技能,尝试独立创作风景画。老师主要需解决的是个人作品如何呈现的问题以及学生对大师作品的理解问题。

注意事项:教师在讲授时语言要简练,美术术语运用要准确,提问要紧扣教学目标,要把握提问时机,问题要符合学生的认知规律,给他们一定的思考空间。

第6课"致敬大师"(2课时)

操作建议:在前面一节课的基础上,本节课主要让学生模仿梵高大师的经典作品,用油画棒或者炫彩棒来完成一张大师作品的临摹本。

注意事项:教师在讲授时语言要简练,美术术语运用要准确,提问要紧扣教学目标,要把握提问时机,问题要符合学生的认知规律,给他们一定的思考空间。

第三单元　水性材料单元

第7课"认识水性材料"(2课时)

操作建议:本单元要认识以水为主要调色媒介的两类画种:水粉和水彩。首先是以认识各类工具为单元的基础课程,让学生了解工具和调色的方法,感受水性材料的绘画魅力,为后面的学习打下坚实的基础。

注意事项:注意提示学生材料摆放及使用,同时要充分保证学生的课堂体验和操作时间。对于中段学生在使用水性材料时的新鲜感和玩耍的心态,要注意正确引导,使其感受水性材料的特殊效果和技法。

第8课"奇妙的色盘"(2课时)

操作建议:本节课是色彩学习的基础课程之一,学生在玩一玩色彩的同时,也要学会色彩的一些基础知识。本节课要求学生观察色盘,学习色盘上的三原色、对比色、同类色、渐变色等基础色彩知识,尝试调色。

注意事项:本节课的作业可以向色彩构成这一方向展开,使学生在绘制装饰性极强的作品时,充分感受到色彩的氛围和情绪,从而从情感上认知色彩、表现色彩。

第 9 课"夕阳掠影"（2 课时）

操作建议：这节课是水粉画学习的第一次难度提升，本节课不仅要掌握渐变色的调色方法，还要尝试用剪影的形式表现夕阳下的景物，在完成这幅画的过程中，既考验了学生运用水粉颜料的基本功，同时也考验了他们的耐心。

注意事项：绘画技巧的正确使用能让学生事半功倍，因此老师在示范作业时需讲解到位，应鼓励学生大胆创想，运用一些智慧的办法完成作业。

第 10 课"炫彩的星空"（2 课时）

操作建议：本节课是在学生初步学习水粉的基础上，让学生初次感受水彩颜料的不同。学生通过水彩流动的晕染效果，制作极光星空的炫彩效果，再结合水粉颜料，画出星空下的美丽景物。

注意事项：教师在讲授时语言要简练，美术术语运用要准确，提问要紧扣教学目标，要把握提问时机，问题要符合学生的认知规律，给他们一定的思考空间。

第四单元　创意实践单元

第 11 课"林海雪原"（2 课时）

操作建议：有了前面几节课的铺垫，学生能独立完成简单的水粉画作品了，这时是将学习到的基础知识融会贯通的最恰当的时刻。根据我校的实际情况，教师将具有东北地域文化的雪景带进课堂，通过各种雪中景象的图片让学生大量且有效地欣赏作品，最后留更多的操作时间给学生静静地完成作品。

注意事项：等个人作业完成后老师再引导小组呈现，这也是培养学生在实践操作过程中的细心与严谨。当然，适当的时候老师要进行示范与引导。

第 12 课"主题创意课"（2 课时）

操作建议：本课是以某个节日为主题进行创作。如在黑色的卡纸上完成主题的作品创制。在这一课需要注意构图和对比色的搭配使用。教学中，根据教学目标选择合理的方法进行新课导入，如以节日的故事和风俗习惯为主题进行有趣的立体造型，这些都是可以放在课堂之内进行创意的，如端午节可以手工创制粽子，春节可以做灯笼等。

注意事项：使学生熟悉美术的媒材和形式，从而更多地介入信息交流。同时加入立体手工制作的部分。将更多元的艺术手法放置在同一张作品中,从而激发学生的创作欲望和创作后的愉悦感。

第 13 课"鹤乡向海"(2 课时)

操作建议:学生随着学习的深入,面对大型作业时已经坦然自若了,创作的手法与表现形式也变得更大胆,因此本节课的设定既是对已学知识的巩固,也是对新知识的提升。

注意事项:教师在最后展示作品时适当地进行技术指点,在作品中鼓励学生大胆地用色,培养潇洒大胆的绘画情绪,使学生们自己完整地将本学期的最后一张作品圆满完成。

四、 课程评价建议

1. 展览评价法

课程的最后以色彩为主进行创意延伸,可使学生将所学运用到生活的各处,如校园简陋的井盖、破旧的石雕、文化衫、鞋子等;也可以在校园里举办一个以"童画色彩"为主题的文化创意作品展,让老师、家长、学生一起鉴赏,从而让学生体验到色彩的学习带来的成就感和持久学习动力。

2. 学生作业的单独评价法

重视评价形式的多元性。采用学生自评、互评及教师和家长对学生评价等方法。

重视学生自我评价,引导反思,引导学生客观全面地评价自己。

加强互评,促进交流。要淡化学生之间的相互比较,强调对作品的描述和体察,从作品制作的方法和结果去进行评价。强调关注同学的优点和长处。

教师、家长评。以鼓励为主,积极引导,树立学生信心。肯定激励与诊断评价相结合,关注对学生情感、态度、价值观的评价。

3. 对课程本身的评价办法

对课程评价的目的,主要在于获取反馈信息,以便改进教与学,提高下一轮课程开发的质量。

(1)学校评价

从课程纲要的制定、教学设计的可行性、课堂教学的有效性三方面进行优秀、良好和合格的等级评价。

（2）学生评价

采用多元星级评价的方式，在学习手册中的每张课程学习单下边，我们专门设立课程学习评价区，引导学生自评，并配有"创意达人""配色大王""撞色怪才"等称号，都是为了对学习成果的评价更有针对性。

表 2-19 "童画色彩"课程问卷调查表

调查内容	非常满意	一般	不满意
教学内容生动有趣			
课时安排恰当			
对作品效果是否满意			
课堂上有更多的动手参与的机会			
方法选择多样合理			
注：在你认为合适的栏上打上"√"			

（二）"向善的品格"模组

"向善的品格"与中国学生发展核心素养中"责任担当"这一目标相对应，包括"与他人、与社会、与自然、与文化"的善良的态度与担当。"向善的品格"模组中主要包含国家基础课程、礼仪交往课程群、志愿者系列课程群、国学系列课程群、生态文明课程群和价值观系列课程群。

案例 2-8 "探秘水世界"课程方案

一、课程界定

生态文明建设是中国特色社会主义事业的重要内容，关系人民福祉，关乎民族未来，事关"两个一百年"奋斗目标和中华民族伟大复兴中国梦的实现。党中央、国务院高度重视生态文明建设,先后出台了一系列重大决策部署,推动生态文明建设取得了重大进展和积极成效。

《国家教育事业发展"十三五"规划》也明确指出:强化生态文明教育,将生态文明理念融入教育全过程,鼓励学校开发生态文明相关课程,加强资源环境方面的国情与世情教育,普及生态文明法律法规和科学知识。广泛开展可持续发展教育,深化节水、节电、节粮教育,引导学生厉行节约、反对浪费,树立尊重自然、顺应自然和保护自然的生态文明意识,形成可持续发展理念、知识和能力,践行勤俭节约、绿色低碳、文明健康的生活方式,引领社会绿色风尚。

每年3月22日是"世界水日",3月22日至28日是"中国水周"。东师南湖校小学部以学生最熟悉、最喜欢的"水"为抓手,开发"五向"课程"向善的品格"模组中生态文明课程之"探秘水世界"课程,根据不同学段的学生身心特点设计一系列"知水、乐水、护水"的活动目标及活动内容。

二、课程设计思路

(一) 组织内容的关联性

"探秘水世界"生态文明课程旨在让学生在实践活动中独立地发现问题、解决问题,这就必须要求学生具备独立发现和解决问题的可能性,只有当学生掌握了相关知识、具备了相应的能力,站在了一定的知识与能力的"平台"上,才可能去探索发现。

"探秘水世界"生态文明课程作为综合实践活动的一个领域,要从语文、科学等学科中提取出综合实践活动的内容,促进多学科知识的延伸和拓展,帮助学生打开视野、增广知识、学以致用;促进知识的整合和综合运用;促进课内与课外、学习与生活、学校与社会的联系。

(二) 能力训练的阶梯性

能力训练的阶梯性是指综合实践活动的设计应该以学生能力发展的序列为线索,体现由低到高、由易到难的顺序,将综合实践活动设计为一个层次清楚、排列有序的系统。

"探秘水世界"综合实践活动涉及多方面的内容,包含一些具体的能力训练点,如观察能力、思维能力、动手操作能力等,学生通过"探秘水世界"综合实践活动,在达到知识目标的同时,循序渐进地对能力进行训练。在能力训练方面,"知水、乐水、护水"系列实践活动之间的能力训练渐次增强,同一个能力点通过多次活动逐渐提高;能力训练也逐步扩展,按照活动安排的次序,能力的训练由简单走向复杂、由局部走向整合。

(三) 实施方式的生动性

综合实践活动的设计必须考虑活动的实施方式,活动实施的时空条件、人员组合、评价方法等应该是生动活泼、灵活多样的,以有利于综合实践活动的实施取得实效。

"探秘水世界"综合实践活动强调学生在活动过程中的主动参与和探究,通过"知水、乐水、护水"系列实践活动有效地激发学生探究的欲望、调动学生参与活动的积极性。根据小学生的年龄特征,针对不同年级的学生,设计有趣的活动内容、生动的活动方式、富有挑战性的活动要求。"探秘水世界"综合实践活动旨在增强学生的探究和创新意、锻炼能力、形成社会责任感等,而这些东西是无法用一个统一的标准或简单的纸笔测验来衡量的。

"探秘水世界"综合实践活动坚持学生是学习和实践活动的主体,教师的角色从单一的信息传播者,转换为"学习伙伴""合作者""问题咨询者""辅导者"等角色。帮助教师提高教学技艺,形成教学艺术,学会在活动开展的过程之中,创造性地利用各种教育因素、捕捉恰当的教育时机,以增大综合实践活动的教育功能,使更多的学生在实践活动中学有所获、学有所悟。

三、 课程目标

(一) 素养目标综述

国家正式发布的"中国学生发展核心素养",以科学性、时代性和民族性为基本原则,以培养"全面发展的人"为核心,分为文化基础、自主发展、社会参与三个方面,综合表现为人文底蕴、科学精神、学会学习、健康生活、责任担当、实践创新六大素养。我校作为九年一贯制学校,把"中国学生发展核心素养"物化为"五向标准",即"向美的身心、向善的品格、向上的学力、向真的学识、向新的行动"。笔者认为其中的"向善的品格"是当代学生最需要培养的核心标准,它包括"与他人、与社会、与自然、与文化"四个领域,而生态文明课程之"探秘水世界"课程,属于"与自然"为善的领域。针对学生具体落实为三个方面：

① 通过"知水、乐水、护水"系列实践宣传，让学生了解到水的重要性，树立水生态文明的观念和意识。

② 让学生掌握更多关于水生态文明的知识和水资源的各种现状；使学生逐渐养成节约用水、保护水资源的好习惯，形成良好校园风气，并通过学生的宣传和倡导，推动家庭以至整个社会实现水资源可持续利用。

③ 通过实践体验，转变学生的学习方式，拓展学生的学习平台，加深学生对学科知识的理解与运用，使学生初步养成自主、合作、分享、积极进取的良好个性品质，能运用科学的思维方式认识事物、解决问题、指导行为，能多角度、辩证地分析问题，做出选择和决定，能大胆尝试，积极寻求有效的问题解决方法，启迪终身受用的智慧。

(二) 学段素养目标

表2-20　"探秘水世界"课程学段素养目标

	活动主题	学段素养具体目标	活动建议列举	融合学科
一、二年级	知水	1. 知道我们的生活离不开水 2. 了解动植物也离不开水	1. 水在哪里 2. 水有哪些用处	语文、科学、品德
	乐水	1. 知道水为我们的生活增添乐趣 2. 激发亲近自然、亲近水之情	1. 吹泡泡 2. 帮水宝宝搬家	语文、数学、科学、美术
	护水	1. 知道水资源有限，水十分宝贵 2. 初步树立节水、护水意识	1. 家庭节水小妙招 2. 收集节水标语	语文、美术、科学
三、四年级	知水	1. 知道水的三态变化和物体在水中的沉浮 2. 知道水可以溶解哪些物质	1. 用不一样的材料做一只小船 2. 水的溶解实验	语文、科学、品德
	乐水	1. 知道水有浮力和张力 2. 学会游泳	1. 载重纸船 2. 水浮回形针	语文、体育、科学
	护水	1. 知道水资源有限，污水需要集中处理以及处理的原理 2. 知道节水、护水人人有责	1. 参观自来水厂或污水处理厂 2. 收集家校节水方法并予以实践和推广	语文、美术、综合

	活动主题	学段素养具体目标	活动建议列举	融合学科
五、六年级	知水	1. 比较几种常用水的不同 2. 知道饮用健康水的重要性	1. 我们该喝什么水 2. 学校或家庭饮用水调查	语文、科学
	乐水	1. 了解水生动物的生存条件，制作生态瓶 2. 了解水的浮力、压力和推力	1. 制作生态瓶或开展船模比赛 2. 制作水顶球	语文、科学
	护水	1. 调查目前水环境情况，提出合理建议 2. 树立"保护水环境从我做起"的意识	1. 不同水质的检测 2. 水环境的昨天、今天与明天	语文、数学、科学、美术

四、课程内容

"探秘水世界"生态文明课程主要是以"走近水、探秘水"主题式综合实践活动为载体，进行为期一个月的各项活动安排，从"知水""乐水""护水"三个维度设定活动目标和内容，分年段实施。

先从"知水""乐水""护水"这三个维度来看看它所涵盖的内容。

1. 探秘水世界之"知水"

以相应年级的知识点为载体，通过举办国旗下的讲话、黑板报、手抄报、主题班会、征文、演讲等活动，向广大学生及家长宣传普及节水知识；组织全校师生在学校操场举行面向家长和学生的节水宣传，开展纪念"世界水日""中国水周"主题作品征集活动；让学生自主学习水知识，了解水的特征、形态、用途等，在学习的过程中感受水资源的重要性，例如图 2-12 所示。

2. 探秘水世界之"乐水"

大部分的孩子喜欢开水龙头玩水，喜欢听哗哗的流水声，更能通过手对水的触觉在心理上产生兴奋、舒畅与快乐的感觉。从孩子的兴趣和需要出发，我们设计以"乐水"为主题的系列活动，有"帮水宝宝搬家、吹泡泡、载重纸船、水浮回形针、制作生态瓶、制作水顶球、水火箭的制作与发射"等"乐水"活动，旨在引导学生从日常生活中学会节约用水，保护、爱护我们生活的环境，通过一系列的科学实验活动，初步认识水的

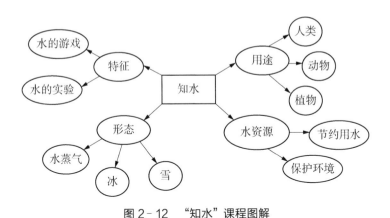

图 2-12　"知水"课程图解

特征及对人类的作用,激发学生对熟悉的环境中各种事物和现象的探索欲望。

3. 探秘水世界之"护水"

"护水"实践活动提倡学生主动参与、乐于探究、勤于动手,学生据自身的特点,紧扣现实生活,自主决定研究方向,如家庭用水情况调查、参观自来水厂、家乡水污染调查、校园水浪费调查等,综合运用所学知识;通过"护水"科技小论文和研究报告的撰写提高科学实践能力、科学探究能力与综合素质。学生在活动中培养良好的思想品质和综合素质,培养团队协作精神和与人合作、与人交往的能力。

五、 课程质量评价标准

表 2-21　"探秘水世界"课程质量评价标准

年级	素养目标分解列举	课程内容具化列举	质量评测标准
一年级	知道我们的生活离不开水,水资源有限,水十分宝贵。	1. 帮水宝宝搬家 2. 收集节水宣传口号	积极参与"帮水宝宝搬家"活动 40%,收集节水口号 60%,平时注意节水加 20%。
二年级	知道水为我们的生活增添了乐趣;初步树立节水、护水的意识。	1. 在太阳下吹泡泡 2. 绘制节水宣传画	积极参与吹泡泡活动 40%,自己制作工具加 20%;绘制节水宣传画 60%;平时注意节水加 20%。

年级	素养目标分解列举	课程内容具化列举	质量评测标准
三年级	知道水的三态变化和物体在水中的沉浮；知道节水、护水人人有责。	1. 载重纸船实验 2. 合作一份手抄报	积极折船参与载重纸船实验40％，获奖加20％；参与手抄报制作40％；平时注意节水20％。
四年级	知道水可以溶解哪些物质；知道水资源有限，污水需要集中处理以及处理的原理。	1. 水浮回形针实验与探究 2. 写一则活动或观察日记	积极参与水浮回形针实验40％，说得清原理加20％；完成文章40％；平时注意节水20％。
五年级	比较几种常用水的不同；调查目前家庭或校园的用水情况，提出合理建议。	1. 生态瓶的制作 2. 家庭或校园用水情况的调查与建议	生态瓶制作40％，能分析原理加20％；完成研究报告40％；平时注意节水20％。
六年级	了解水的浮力、压力和推力；知道保护水环境从我做起。	1. 合作完成水顶球制作或操作成功 2. 限水日体验	水顶球操作成功40％，参与制作加20％；积极参与限水日体验40％；平时注意节水20％。

六、 课程的实施建议

"探秘水世界"生态文明课程是一门基于学生的直接经验，密切联系学生自身生活和社会生活，注重对知识技能的综合运用，体现经验和生活对学生发展价值的实践性课程。它超越了封闭的学科知识体系和单一课堂教学的时空局限，虽然也需要老师课内的悉心指导，但更多的在于课外的研究和探索、实践与体验，甚至包括学生及家长自发组织的研究活动。学生可以自己选择学习的目标、内容、方式及指导教师，自己决定活动结果呈现的形式，指导教师只对其进行必要的指导，不可包揽或限定学生的活动。所以本课程的具体实施过程可简单归纳为三个阶段。

（一）"探秘水世界"综合实践活动动员、准备阶段

① 制定整体性的活动方案。"探秘水世界"的活动方案，大到整个活动流程，小到活动布置、材料准备，都需要制定详细的、操作性强的方案。整体方案从活动目的、口号、时间、地点、人员安排、具体步骤等方面进行细致安排和规划。

② 国旗下讲话。借助升国旗这个契机，开展国旗下讲话，围绕"世界水日"和"中

国水周"主题,普及水生态文明相关知识,倡导全校师生共同节约用水,保护水资源,爱护我们的家园。

③"探秘水世界"启动仪式。针对"探秘水世界"综合实践活动进行介绍,动员全校学生积极参与。少先队员宣读保护水资源倡议书,学校大队长领誓,少先队员集体宣誓,开展"保护水资源,节约用水从我做起"的千人签名活动等,营造良好的活动氛围。

(二)"探秘水世界"综合实践活动实施、交流阶段

目前小学部"探秘水世界"综合实践活动主要内容如表2-22所示。

表2-22 "知水、乐水、护水"活动内容

年级	"知水"作品征集活动	"乐水"比赛活动	"护水"实践活动
一年级	节水宣传口号征集	帮水宝宝搬家	活动举例： 1. 家庭用水情况调查 2. 参观自来水厂 3. 家乡水污染调查 4. 校园水浪费调查 5. 五水共治再出新招 6. 限水日体验 ……
二年级	绘画作品	吹泡泡	
三年级	手抄报	载重纸船	
四年级	征文活动	水浮回形针	
五年级	征文活动	制作生态瓶	
六年级	演讲比赛	制作水顶球	

1. "知水"活动

抓好校园文化阵地,营造节水、爱水宣传氛围,充分利用宣传板、节水警示牌等多种形式,营造节水宣传的良好氛围。

召开主题班队会,各班级对学生进行水生态文明意识的培养。开展"节约用水、从我做起""我为节水出点子""保护水资源是我们共同的责任"专题讨论会,大力弘扬人水和谐发展的校园风尚。

举办作品征集活动,鼓励学生仔细观察身边一些与水有关的现象,并发表自己的看法和反思,让学生从中体会保护水资源的重要性,并积极参与到水资源循环利用的活动中来。

开展"节约用水,从我做起"活动,充分发挥学校、家庭、社会"三位一体"的教育宣

传,向学生发放"水生态文明宣传致家长的一封信",号召小学生监督父母等。

2. "乐水"比赛

"乐水"系列活动中的每一个活动也有具体的活动设计思路。

活动 1：帮水宝宝搬家。 在一年级进行,在全班活动的基础上选出 10 名运动员参加比赛,队员在起点与终点之间接龙搬水,在规定时间内,搬运水最多的队伍胜出。

活动 2：吹泡泡。 在二年级进行,在全班活动的基础上选出 10 名队员参加比赛,每个队员获得一根 15 cm 长的扭扭棒,限时 5 分钟自制各种形状的吹泡泡工具,在 1 分钟时间内累加吹泡泡数量最多的队伍获胜。

活动 3：载重纸船。 在三年级进行,在全班活动的基础上选出 10 名队员参加比赛,每个队员获得 A4 彩纸一张,先动手折纸船,再将折好的纸船放入水中,装载重物垫圈,累加承受垫圈数量最多的队伍获胜(沉入水底的小船不计入总数)。

活动 4：水浮回形针。 在四年级进行,在全班活动的基础上选出 10 名队员参加比赛,挑战水浮回形针(回形针可自带),3 分钟时间内,浮起回形针数量最多的队伍获胜。

活动 5：制作生态瓶。 在五年级进行,每班选出 10 名队员参加比赛,自备透明瓶子每人 1 个(最好大点),5 天后,以动物累计存活数量最多的队伍获胜。

活动 6：制作水顶球。 在六年级进行,全班自由分组,每小组用塑料可乐瓶制作一个水顶球装置。每班选出 2 个小组参加比赛,比赛时看小球在水流顶端停留的时间,时间长的小组获胜。

3. "护水"实践活动

活动以班级或小组为单位,在班主任和综合实践老师指导下自主选题、自行组织活动,三至六年级每班上交学生活动成果 1—3 份,一至二年级自愿参加。学生活动成果包括科技小论文和研究报告两种,科技小论文字数要求在 800 字以上,并附科技探究过程照片或记录表等;实践活动研究报告字数要求在 1500 字以上,并附完整的原始材料,包括活动计划、活动记录、照片录像、新闻报道材料等。

(三)"探秘水世界"综合实践活动展示、总结阶段

① 通过此次活动,学生关系更为密切,团队精神得到升华,在这个过程中体现的不仅仅是团队的合作,还有学生个人的坚持精神。

② 各小组将开展研究活动所查找到的资料、心得体会、调查表等在活动课上进行分享、交流，并以各种形式展示调查研究成果。

③ 围绕主题，人人动手制作一份手抄报、节水的宣传画等精美作品，并作为评选各个活动的集体奖和个人奖的依据。学校将本次活动的照片及成果进行展示宣传。

④ 制定倡议书，向全校学生、社区宣传"节约用水"专题知识，号召全校同学一起节约用水，珍惜宝贵的水资源。开展"小手牵大手"活动，向父母、邻居宣传节约用水小妙招，号召大家共同节约用水。

为了保证每一个学生在本课程中得到锻炼与发展，在实施过程中还要注意以下四点：

第一，注重全员参与、点面结合。既要让每个学生都在活动中得到锻炼，在活动中得到发展，又要注意参赛项目的质量，确保本次活动的顺利进行。

第二，注重体现特色、突出个性。各班在组织本次活动时，要根据学生实际，注重实效，做到以班为本、以学生为本，紧密结合我校教育方面的特色，注意充分调动每个学生参与的积极性，发挥每个学生的创造性、能动性，突出每个班级的个性特色。

第三，注重分工负责、责任明确、准备工作充分、宣传到位、发动有力，体现协作精神。各个项目的负责人要尽职尽力，筹划好赛程，有始有终。注意各个项目的资料收集，包括成绩的汇总、荣誉证书的发放等。

第四，整个"知水、乐水、护水"系列活动要有序地开展和进行，各项目的负责人要关注过程，确保本次活动过程的安全。

案例 2-9 以"红船精神"引领"五向少年"课程方案及实践成果

一、课题选题

（一）核心素养的发布召唤课程具体化落实

2016 年 9 月，中国学生发展核心素养发布。学生发展核心素养主要指学生应具备的，能够适应终身发展和社会发展需要的必备品格和关键能力。

在培养学生社会参与能力中有三个要素需特别思考。一是社会性是人的本质属性。二是社会参与，重在强调能处理好自我与社会的关系，养成现代公民所必须遵守和履行的道德准则和行为规范，增强社会责任感，提升创新精神和实践能力，促进个人价值实现，推动社会发展进步，发展成为有理想信念、敢于担当的人。三是责任担当，主要是学生在处理与社会、国家、国际等关系方面所形成的情感态度、价值取向和行为方式；具体包括社会责任、国家认同、国际理解等基本要点。

（二）学校主导性课题助推课题建构

在核心素养社会参与、人文底蕴、科学精神的引导下，我校结合自身"智慧的教育"办学理念，提出"五向少年"发展目标，其中"向善的品格"正是基于中国学生核心素养社会参与标准提出的，使得学生能在与他人、与社会、与自然、与文化交往中树立正确的价值观、人生观和世界观。

表2-23　核心素养基础下"五向少年"发展目标谱

核心素养官方阐释三大领域六大素养	文化基础	自主发展		社会参与	
	人文底蕴科学精神	学会学习健康生活		责任担当实践创新	
核心素养校本理解五"向"标准	学识（向真）	学力（向上）	生活（向美）	品格（向善）	行动（向新）
	崇文	乐学	好习惯	与他人	质疑（动脑）
	重理	会学	健身体	与社会	合作（动情）
	跨界	学会	全人格	与自然	表达（动口）
	贯通	恒学	现特长	与文化	实践（动身）

（三）国家基础课程与拓展性课程整合趋势

嘉兴南湖红船是重要的课程资源，挖掘这一红色资源是初中道德与法治课教学的重要任务；同时也是学校培养学生"向善的品格"，帮助学生提高道德素质，树立法律意识，弘扬民族精神，增强社会责任感和社会实践能力，逐步形成正确世界观、人生观和价值观的有效途径；亦是培养学生具备"向新的行动"要素的必备条件和技能。

鉴于此，在初中部开展以"红船精神"为引领的"向善的品格"校本课程整合，利用学科兴趣类拓展课程拓展学生知识面，提升其实践能力显得尤为必要，该课程也是学校核心素养体系下"五向"课程群的一分子。

二、 课程实施基本思路

1. 何为"善"，乃"大也"

"大学之道，在明明德，在亲民，在止于至善。"追求大真、大爱、大诚、大智的至善境界古已有之。培养品格向善的学生是教育的一种崇高境界。

不仅要让学生学习各种知识，更要寻找学生身上美好的"善根"。古语有云，一德立而百善从之。学校将"向善的品格"置于"五向标准"的核心地位，便是要唤起同学们的善根。只有培养出品格向善的人，才能实现立德树人这一教育的根本任务。

只有品格向善的人才能够承担起对他人的责任，向善的品格让我们关爱他人，理解他人。只有品格向善的人才能够承担起对社会的责任，向善的品格让我们热爱家庭、热爱家乡、热爱祖国。只有品格向善的人才能够承担起对自然的责任，向善的品格让我们亲近自然，热爱自然。只有品格向善的人才能够承担起对文化的责任，向善的品格让我们自觉肩负起文化使命，让我们理解和包容不同国家、地区的文化。

"善"就在我们的身边，"善"就在我们心中。"一善染心，万劫不朽。百灯旷照，千里通明。"一个善念深入我们心中，就如同百盏明灯照耀前行的道路。希望所有同学都能够向善而歌，立德树人。"向美、向善、向上、向真、向新"的"五向少年"是东师学子永恒的追求。

2. "红船精神"凝聚"向善"的力量

以"红船精神"为引领，凝聚"向善的品格"。 基于"红船精神"内涵的"首创、奋斗、奉献"精神，用课程落实"红船精神"的三大内涵要求，结合《中国学生发展核心素养》，将"红船精神"融入学校教育教学管理工作中，学校提出了"五向少年"发展目标，培养红船旁的"五向少年"。在"红船精神"引领下，通过红船德育课程的实施，促进学生成长为"五向少年"。

以红船课程为依托，培养红船旁"五向少年"。 在课程中培养，学生参与课程体系学习，在基础课程、拓展课程、实践课程中成为具备"红船精神"的"五向少年"。学校将"红船精神"专题实践项目课程化，融入"向善的品格"模组，通过基础课程、拓展课程、专题课程来引领学生发展。

三、 课程实施内容

根据学校"红船精神"进校园总体框架的指导，学校德育处将课程实施、课题研究、实践按项目匹配相应纬度来开展"红船精神"课程活动。

（一）基础课程渗透中共党史教育

1. 红船数字教学

红船精神是历史的，也是当代的。作为历史的见证，红船定格在 1921 年的时空里；作为不灭的精神，红船在每一个时代与共产党人相逢。以国家基础课程"历史与社会"、浙江"红船精神"系列教材《红船心　少年梦》为依托，结合中国共产党发展历程中具有重大影响的历史事件，用数字引入的方式，让学生认识中国革命历程，从而开展红船数字创意教学活动。以红色数字为引领，讲述红色数字背后的故事，例如"1"（中共"一大"）、"1921"（中共的建党故事）、"13"（中国共产党第一次全国代表大会与会代表的故事）、"1927"（建军）、"1945"（抗日战争的胜利）、"1949"（中华人民共和国成立）、"1978"（中共十一届三中全会开启改革开放的新篇章）、"两个 100 年"等。

2. 红船地理教学

一个大党诞生于一条小船。从此，中国共产党引领革命的航船，劈波斩浪，开天辟地，使中国革命面貌焕然一新。伟大的革命实践产生伟大的革命精神。"红船精神"正是中国革命的精神之源。探究中国革命道路上的几个重要地点，通过地点的串联学习，勾勒出一条"红船"行驶的航道，让学生在探究中追寻中国革命历史，例如上海、嘉兴、广州、南昌、井冈山、遵义、延安、北京，结合《中国行政区划图》《中国地形图》等进行中国革命道路的地理探访，从与中国共产党发展历程相关的重要地点的位置、自然条件、人文社会发展等多角度探寻与中共党史有关的一些地理元素。

3. 红船美术教学

美术教学注重孩子艺术情操的培养，随着课程的深入开发，我们发现要使"红船精神"真正入脑入心，仅仅是表象的画红船、塑红船还远远不够，通过带领学生学习传统国画技艺，将南湖边舞蛟石融入美术课堂中，真正使学生了解传统文化，了解南湖红船文化，将"红船精神"内化，去亲手触摸红船，登上红船去感受当年的情境，想象当年十三位代表在召开"一大"会议时的场景,把它画出来,让"一大"会议深植心中。

(二) 拓展课程延展红船课程领域

①"慧兰社"用心编织红船梦。学校拓展课程"慧兰社"编织课,让学生创造从一根线开始的创意作品。学生自创图纸,把细长的绳子编织成自己想象的红船图片、红船文字等,首创编织"红船系列作品",在感受"红船精神"的同时,践行一种首创的精神品质,在拓展课程的参与过程中加深对红船感情,编织自己的红船梦。

②"手指印"用手勾勒红船情。手指印画是学校精品特色拓展课程,是让学生通过大胆想象,利用手指印原始图案进行修饰、演变、勾勒出新的图形的一门拓展课程,这门课程根据低段孩子的特点有针对性地开展教学活动,用小手勾勒出美丽的花朵映衬在红船旁,让孩子们感受到一种特别的情感,那是用手指画出来带有温度的图画。

③"咏立方"用情唱响红船曲。"咏立方"合唱队是学校音乐社团队,在拓展课程中,主要以中国革命、爱国主义主旋律歌曲为代表进行排练、学习、参赛等,如《我和我的祖国》《故事里的红船》《梦回红船》《南湖红船》等。在参加区艺术节比赛、学校艺术节汇演、会议演出期间,"咏立方"会用歌声唱响红船曲,传播红船情。

(三) 实践课程提升红船德育品质

1. "红船精神"内涵项目式研究(PBL)

利用节假日、革命领袖的诞辰和逝世纪念日,例如建党、建军、抗战胜利、建国、红军长征等重大革命纪念日,组织丰富多彩的主题班会、队会、团会,开展项目式学习研究,以中共"一大"到"十九大"会议内容、中共党史素材制作中国共产党会议发展史思维导图,探究党的"首创、奋斗、奉献精神"发展轨迹。

2. 新生训练营

在初中新生入学第一周,学校以习惯养成为主要内容,设计小升初衔接训练营拓展活动,让学生学习军人严守纪律的作风和顽强拼搏的奋斗精神,培养学生遵守纪律、勤奋学习的自觉性,增强学生体能,使其养成良好的生活、学习习惯,从而尽快适应初中阶段的学习生活。

3. 徒步活动

清明节祭扫英雄烈士园,孩子们参与活动全程需要来回步行 16 公里,徒步过程中可能会想到放弃、会抱怨,但是孩子们克服困难,最终会顺利完成祭扫任务。这项实践课程旨在倡导师生向烈士们学习顽强拼搏、艰苦奋斗的精神,引导广大团员、少先队员学会克服困难,历练坚毅品格,培养"奋斗精神"品质。

4. 志愿者活动

校园就是一个微社会,因此,学校应积极引导学生的主人翁意识,鼓励学生积极实践,大胆创想校园志愿服务岗位。对已经加入志愿者队伍的中学生,学校在不断强化志愿精神的教育中,将活动课程化实施,用"承诺卡""服务卡""学分卡"等创意形式进行日常量化管理,使学生通过志愿者课程学习、体验、实践完成固定任务。

围绕"红船旁少年"工作开展"初中生红船卫士公益行"创意活动。学生在南湖畔进行卫生等领域服务,并且自主设计活动项目,以学生社团组织的形式进行社会实践,从而使初中生主动参与到社会文明建设的行动中去。通过整合资源,建立岗站,使更多的初中生在参与志愿服务活动中发挥创意,学会沟通,展示特长,锻炼能力,提升综合素质,让志愿者从一种单纯的参加义务劳动提升为课程学习体验。

四、课程成效与特色

(一) 核心素养具化落地,"五向"课程引领开发

中国学生发展核心素养主要指学生应具备的,能够适应终身发展和社会发展需要的必备品格和关键能力。在核心素养社会参与、人文底蕴、科学精神等引导下,东北师范大学南湖实验学校结合自身"智慧的教育"办学理念,提出"五向"学生发展目标,其中"向善的品格"正是基于中国学生核心素养社会参与标准提出的,使得学生能在与他人、与社会、与自然、与文化相融合。

(二) 深入红船德育,提升学生综合能力

以"红船精神"为引领,以基础课程、拓展课程、专题实践课程为依托,打造具有东师特色的红船德育品牌。课程模组中组织开展"红船精神"学习,构建"红船精神进校园"宣教模式,利用新闻广播、新闻视频引导学生"学党史,感党恩,跟党走"。可以说,课程不仅让学生自主地与自己、与自然对话,还能与世界对话,播下一颗善良的种子。

（三）品格向善、勇担责任的事迹就在我们身边

我校学生拾得大量财物及时上交小区物业，却坚决不留姓名，于是上演了一出失主寻找归还者的感人事迹，这便是因品格向善而承担起对他人的责任。我校学生上学途中路遇走失儿童，及时报警，并为其买早餐，一直陪伴到警察赶到，这便是因品格向善而承担起对社会的责任。同学们宁可多绕些路，也不肯践踏花草树木，这便是因品格向善而承担起对自然的责任。经典诗文诵读比赛中，同学们高声齐诵，勇夺冠军，内心豪迈，这便是因品格向善而承担起对文化的责任。

五、以课程实施为依据，反思提升红船德育课

在红船德育课程实施过程中，学校也碰到许多疑惑和困难。

1. "红船精神"不仅仅等同于物化的红船也不同于单纯的活动

将"红船精神"的三大内涵进行课程化实施，处理好基础课程、拓展课程、专题课程之间的交叉点，这是一个难点。通过有效德育活动，在"首创、奋斗、奉献"上设置相应的课程，而不仅仅是活动，是攻克难题的关键点。增强学生对"红船精神"的理解，特别需要将"首创、奋斗、奉献"三大内涵具体化，将活动融入学习实践中，内化为自身的优秀品质并提升自身各方面能力，从而使学生更好地适应社会的发展需要和实现自我价值。

2. 红船德育课程需要同学校教育教学管理、德育工作融合

红船精神要结合学生核心素养具体发展目标、"五向少年"培养目标、学生思想道德修养、学生综合素质评价等工作来落实，做到有计划、有方案、有改进，在红船德育课程开展过程中要注重适时调整课程操作途径和方法。

3. 红船德育课程要与学校办学文化、发展目标相融合

学校的发展是有历史积淀的，"红船精神进校园"系列活动学生发展目标结合是一个不停歇的话题，二者需要在活动中充分融合，要做到"目标—课程—评价"相互协调，做到学校发展与红船精神引领融合发展。

案例 2-10 "走遍嘉兴"课程之探访家乡名人项目化活动案例

一、本项目的概况

本项目是我校德育课程下学生成长课程中的一个项目，也是在我校社会实践活动"走遍嘉兴"校本课程活动基础上针对"家乡的名人探访"这一主题开展设计的项目式学习活动。

我们的家乡嘉兴地处长江三角洲，有深厚的历史文化底蕴，也有智慧创意的现代产业，有风景秀丽的自然风光，更有古今中外的名人故居，这里是江南水乡，也是现代田园。这是一个令每一位生于斯、长于斯的嘉兴学子、新嘉兴人应该细细寻访、慢慢品味研究的家园。这个城市的角角落落里有着很多可以瞻仰、驻足、触摸、实践的社会资源。为了把书本知识与投身社会实践统一起来，启迪学生终身受用的智慧，增强学生对社会的了解，增进学生对家乡的情感，努力促进德育、智育、体育、美育和劳动教育在社会实践中的相互渗透，促进中小学生全面发展和健康成长，学校连续几年开展中小学生"乡土人文智慧人生——走遍嘉兴"的社会实践活动。在社会实践活动中，同学们分工协作、撰写实践见闻、制作实践小报、在班级里交流展示等，展示了丰富的课余文化生活，陶冶了情操，锻炼了意志力，培养了对家乡的热爱。

在此基础上我们细化了内容，围绕本市不同地点的名人开展四至六年级的名人探访之旅。

二、核心解决问题、适用人群和涉及的学科

此探访活动项目围绕四至六年级孩子的学习心理，让学生在自发形成的好奇和疑问中走近探访。学生的疑问颇多，如"这些名人是怎么成长的？""名人小时候都有些什么趣事？""他的作品有哪些？""与家乡的名人面对面后，我的感受是什么？我的理想是什么？"等。为了在探访中不走过场，养成学生带着问题去寻找答案并积极探索的良好习惯，我们联合学校语文学科、综合实践课及班队课开展活动，固定了几个家乡的名

人,使学生探索得越来越深入,为学生的终身发展所需要的学习素养、学习理想信念奠定良好的基础。

表2-24　课程项目活动安排

项目成员	项目分工 （教师和学生）	项目主题	要点
四年级	教师：组织、规划、引领 学生：自主分组、主动探索	不一样的三毛	了解三毛的来历。 了解张乐平的成长经历。 谈谈我眼中的"三毛故事"。
五年级		王国维的"人间"（二选一）	了解王国维。 了解王国维思想。 主题：人间词话知多少？
		走近金庸（二选一）	了解金庸。 了解金庸的作品。 主题：你父母眼中金庸的作品是怎样的？
六年级		在乌镇邂逅茅盾	主题：茅盾故居里的你。 了解茅盾的生平。 主题：如果你邂逅了茅盾。 ……
选修拓展（感兴趣的同学）		人间四月——徐志摩 鲁迅纪念馆 ……	走进徐志摩的世界。 了解徐志摩的诗。 ……

三、项目的背景分析

（一）核心素养的国际、国内内涵观点分析

核心素养原是舶来品,该理论中被学者认可的欧盟观点,即欧盟核心素养的核心理念,是使全体公民具备终身学习能力,其突出特点在于统整了个人、社会、经济三个方面的目标与追求,据有较强的整合性、跨学科性和可迁移性。在国内,辛涛等专家观点认为,核心素养的内涵应当以个体在现在及未来社会中具备的关键能力、知识技能及态度情感为重点,就学科属性而言,核心素养并不指某一学科知识,而是强调个体能够积极主动并且具备一定的方法获得知识和技能。核心素养带来的学科思维主要包括两个方面:一方面,对学生的终身发展来说,最重要的是获取和掌握知识的本领和

方法,简称"基本方法";另一方面,在当今这个时代,对于学生的未来发展或终身发展来说,重要的还有"基本态度与价值观"。[1] 基于以上观点,我们不难知道我们最终要培养的是有智慧、有修养的人,暂时称为有"核心素养"的人。

(二) 基于核心素养的德育课程项目化学习背景分析

项目化学习成为当前一种热门的学习方式,是学生参与主动式学习的一种全新探索。如今在学校德育课程中非常需要学生开展深度学习,推进项目化学习可以使活动的开展进行更加细致、目标更加明确,让社会实践探索更加深入。长期以来,学校德育开展的活动单一,由学校组织安排,学生只要参与活动即可;学生在多次参加活动后仍学无所得,如一开始的"走遍嘉兴"的实践活动也是如此,学生会慢慢对活动失去兴趣,并且在探访一些名人故居时,因为没有前期的调查和自己想要探究的问题,参与活动便流于形式,走一遍过场,看一扇古门,观一下围墙,然后什么也没有收获,还会觉得非常无趣。这不利于发挥孩子主动探索的学习能力。而项目化学习可以改善这一缺点,同时也为学生主动探究学习增添了一种全新模式。

四、学习目标

(一) 项目总目标

学生能从个体探访活动、分组活动及与家乡社会人文接触中获得丰富的实践经验,形成并逐步提升对家乡名人文化的整体认识,培养价值体认、责任担当、问题解决、创意物化等方面的意识和能力。

价值体认:通过亲历项目活动、场馆活动获得有积极意义的价值体验。理解并遵守公共空间的基本行为规范,初步形成集体思想、组织观念,培养对家乡的朴素感情,为自己的家乡感到自豪。

责任担当:在活动过程中能处理基本事务,初步养成自理能力、自立精神、热爱生活的态度,具有积极参与学校活动的意愿。

问题解决:能在教师的引导下,结合学校、家庭的指导,发现并提出自己感兴趣的问题。能将问题转化为研究小课题,体验课题研究的过程与方法,提出自己的想法,形

---

[1] 李艺,钟柏昌. 谈"核心素养"[J]. 教育研究,2015(9)：17—20.

成对问题的初步解释。

创意物化：通过动手操作实践，学会运用常见、简单的信息技术解决实际问题，服务学习和生活。

（二）分项目目标

不一样的三毛	·学会利用网络、采访等手段了解张乐平先生的生平；在活动过程中经历合作，学会合理分配时间、任务等技能。 ·在探访名人活动的过程中，培养提出问题、设计问题以及探索寻找问题的能力。 ·对张乐平先生深度了解后，再读三毛，创作三毛，从而培养热爱家乡的感情以及身为嘉兴人的自豪感。
王国维的"人间"	·采取技术性支持、采访、询问教师等方法了解家乡名人王国维的生平事迹，初步了解《人间词话》的内容，在活动中学会相处与合作。 ·用自己的视角和感兴趣的切入点以小组合作的形式探究名人的事迹等，形成自己对问题和王国维思想的理解。 ·形成对王国维的认同感，热爱家乡的强烈情感。
在乌镇邂逅茅盾	·收集茅盾的资料，拜读茅盾的作品或片段，在欣赏作品的过程中产生对名人茅盾的崇拜之情和喜爱之情。 ·通过合作探究，带着问题去探访乌镇，在乌镇的角落里寻找我们眼中的"大家"，从而学会合作分享。 ·培养热爱家乡、热爱文学的情感以及对自身理想信念的追求。

图 2‑13 分项目目标图

五、 项目活动的原则

① 认知性原则：通过社会实践活动使学生接触社会、了解社会、关注社会，树立为他人和社会服务的责任意识；增强学生的创新精神和实践能力；培养学生适应环境、学会交往、承受挫折等综合能力；促进学生认知和行为的统一，提高教育工作的实效性。

② 主体性原则：学生是参加社会实践活动的主体，在实践活动中应充分调动其积

极性和主动性,激发学生主动探索、研究实际问题的兴趣,为学生自主发展提供广阔的空间、充足的时间和必备的条件。各班要有分工,出发前做好拍照、文字记录、素材收集、后期制作等人员安排。

③ 坚持指导性原则:教师应教给学生参加实践活动的基本技能,引导学生把学校学到的知识应用到实践中,帮助学生正确分析实践活动中发现的问题,启发学生在实践中探索、鉴别、研究和发展。在实践活动中教师应对学生进行思想政治教育、品德教育、纪律教育、心理健康教育和法制教育。

④ 坚持开放性原则:实践活动的内容要贴近学生生活,关注社会热点,把握时代脉搏,突出人文、科技、国防、环保等意识和创造能力的综合性培养。

⑤ 坚持安全性原则:保证学生在社会实践活动中的安全。在组织学生参加社会实践活动时要制定切实可行的安全措施,指定专人负责。教师和家长(监护人)要教给学生自我保护的方法,增强学生安全防范意识和自我保护能力。活动组织在保证设施安全的基础上,向学生讲清与实践内容相关的操作程序、安全制度,培养学生安全生产和操作的意识。学生在实际活动中出现的安全问题按教育部颁发的《学生伤害事故处理办法》的相关精神解决处理。

六、 驱动性问题和学习任务设计

此项目活动在"走遍嘉兴"实践活动基础上让学生走访家乡的名人,活动围绕几个核心问题开展个性化的任务设计:你今天要了解的家乡名人是谁? 你了解了他多少? 从今天的探访中你有什么收获和感想? 围绕你眼中的他,谈谈你的认识和想法。你会沿着他们的思路创作吗? 依据任务开展小项目式的小组综合合作研究。

七、 项目实施建议

(一) 项目式探访活动的实施路径

以"探访家乡的名人"主题为内容,以家乡各大名人馆、名人故居为载体,以主题与多学科综合为线索,将相关学科中的相关内容融入其中,采用案例研究的方法,以小主题活动为单位,针对学生开展实现研究性学习。

具体实施中,学生全员参与,以班级小组为单位,以一个年级为大单位,合并学科内容，采取课内与课外相结合的方式，组织学生亲身实践，最终形成相关的综合研究小报告。

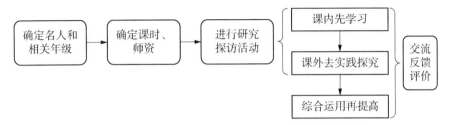

图2-14 名人探访实施路径

(二) 实施路径安排

为了便于教师操作，我们拟定了三条实施路径，即分三步走：

课内先学习。语文课程标准指出："(语文综合性学习)有利于学生在感兴趣的自主活动中全面提高语文素养，有利于培养学生主动探究、团结合作、勇于创新的精神，应该积极提倡。"去探访家乡名人故居、名人馆活动前，教师必须和学生一起制定活动计划，查阅涉及的相关作品知识，设想学生实施时会遇到的困难，教师要利用课堂进行教学，为下一步的活动提供知识基础和技能准备。另外教师还要根据学生的需求确立好研究小组，做好分工，并帮助确定小组研究主题。

课外去实践。有了前期的准备，有了学科知识与技能本领，学生往往很乐意去现实生活中露一手，运用已有的知识来思考、解决生活中自己提出的问题，这样学生才会真正明白实践探访的意义和价值。

综合运用再提高。学生在经历前面两个环节的过程中，一方面将几门学科的知识综合起来灵活运用，另一方面在活动中又自主获得了新的知识技能以及解决问题的能力。探访结束之后学生必须再次回归课堂，交流进一步需要研究的问题或改进的措施，整理自己所获得的信息和材料，增强学习的动力。

（三）项目实施团队

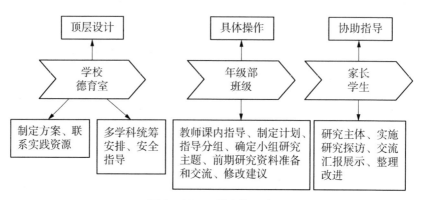

图2-15 项目实施团队

八、学习成果及其评价

学习成果可以有多种表现形式，主要有研究小报告、资料调查、思维导图、名人小报、探访感悟等。

① 成果展示性评价法。PBA评估，即基于绩效的评估（performance-based assessment），需要定期收集关于学生学习的证据，包括项目作品、基于表现的诊断性评估、交流汇报等。

② 课堂评价法。在探访活动之前或之后的课堂中，基于学生的收获反馈表现，给予积极性及时评价。

③ 过程性评价法。制作评价条例，对于学生在探访活动中的表现进行自评、小组互评、家长评和学校评价，利用星级评价评选出"名人探访达人"综合荣誉称号获得者。

表2-25 家乡名人项目式探访过程性评价表

评价维度	具体内容要求	自评	小组互评	家长评	班主任评价	总计
基本素养能力表现	遵守集体纪律，有序排队。 有良好的卫生习惯，不在公共场所乱扔垃圾，做到人过无痕。					

评价维度	具体内容要求	自评	小组互评	家长评	班主任评价	总计
	有礼貌,讲文明礼仪,遇到问题会礼貌招呼询问。 活动过程中注意安全。不乱穿马路、不做危险动作等。 爱护公务,爱护家乡的一草一木,不破坏名人馆的事物。					
创新思维能力表现	主动查找名人资料并记录。 提出自己的问题。 小组分工合作,互相帮助。 小组讨论产生新的想法和思路。					
活动参与表现	从设计方案到探访过程积极主动。 每一个研究探访有过程、有记录。 遇到难题时积极思考并求助解决。 不半途而废,参与完整过程。					
活动成果表现	有制作相关思维导图、小报。 有散文类、感悟类文章。 有新创作。 有PPT汇报等。					
备注	每一条评价做到可得1☆。					

(三)"向上的学力"模组

"向上的学力"与中国学生发展核心素养中"学会学习"这一目标相对应,包括"乐学、会学、学会、恒学"四个层面。"向上的学力"模组包括国家基础课程、理想规划课程群、学风系列课程群、学法指导课程群、导师辅导课程群、学长激励课程群。

案例 2—11 学法指导课程方案及实践成果

一、课程界定

长期以来,受应试教育、功利主义的影响,我国中小学教师习惯于"教会",学生习惯于"学会"。而教育的根本目的在于促进学生的终身可持续发展。为此,"会学"比"学会"更重要。已有研究表明:学法指导是学生主动学习的核心[①],"学习策略是可教的"[②]。学法指导是学生由"学会"到"会学"必不可少的有效途径,杜郎口中学、洋思中学等学校的改革亮点似乎在其"形"——教学模式创新,其本质却在其"魂"——学法指导。在我国,学法指导兴起于 20 世纪 70 年代末 80 年代初,20 世纪 90 年代后,随着国外学习理论传入国内,学法指导被渗透在中小学学科教学之中。不仅有研究者认为学法渗透课是亟待关注的教学研究领域[③],而且有研究者提出"在理解研讨学习法的基础上学会运用研讨学习法进行学习,实现'学会'的同时达到'会学'、'乐学'"[④]以及"元认知能力是学法指导的核心"[⑤]等观点。这些理论思考层面的研究相对零散,难以物化在中小学实践之中。

二、课程目标

为了切实营造"平时学得轻松""智慧学习、快乐成长"的学风,帮助学生"学会""会学",学校统筹设计学法指导系列课程,与国家课程、地方课程融为一体,并在学校层面全面推行。学法指导系列课程包括:学法指导专题讲座、学法指导校本课程、渗透式学法指导、学法指导主题班会、心理疏导类课程、学法指导个案诊断等。

---

① 孙富强. 初中数学教学五种指导策略探究[J]. 上海教育科研,2010(4):81.
② 刘晓明,迟毓凯. 学习策略研究与学法指导内容的重构[J]. 中国教育学刊,1999(1):49.
③ 张相学. 学法渗透课:亟待关注的教学研究领域[J]. 教育理论与实践,2012(12):56—59.
④ 陈伟,谢铁丽. 基于研讨式五步教学法的学习方法指导[J]. 兰州教育学院学报,2012:161.
⑤ 庞超波,蒋振宇. 学法指导与学生元认知能力[J]. 才智,2011(14):150.

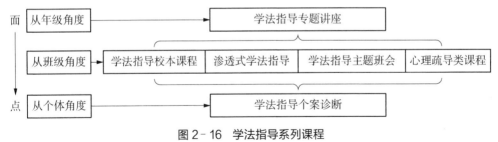

图 2 - 16 学法指导系列课程

其中，学法指导专题讲座从全年级层面解决学法指导的共性问题；学法指导校本课程、渗透式学法指导、学法指导主题班会、心理疏导类课程，则是常态开设课程，从班级层面保障多学科学法指导的有序进行；学法指导个案诊断则是从"淡化差、尊重异"的角度对个体进行学法指导，满足学生个性发展需要。三类课程之间相互协调，共同组成"学会"与"会学"兼顾的新型课程体系。

三、课程内容

（一）学法指导专题讲座

开展学法指导专题讲座，在国内中小学并非鲜见，但散见于数学等个别学科，而且往往出于教师无意识、无计划的个人行为。学校从学校层面统一规划，通过定期举行的专门讲座，对初中全体学生进行学法指导，不仅能够帮助学生找到适合自己的学习方法，平时学得轻松；而且能够营造良好的学习氛围，形成"比、学、赶、帮、超"的良性学习环境。从内容上划分，专题讲座包含通识性讲座和学科类讲座两种，前者旨在揭示学习的整体思路，后者旨在诠释每个学科特有的学习规律。

1. 通识性讲座

通识性讲座是指对全体学生进行基础性培训，在学科之间不存在较大差别。例如，针对七年级新生，聚焦初中与小学的学习差别，重点开展中小学衔接类的学法讲座，分析初中的听课方法、课堂笔记技巧、错题整理的方法、课堂提问的窍门等，旨在帮助学生明确中小学学习方式的异同，避免学习过程中出现不必要的失误，确保学习效率和学习效果。针对八年级学生的讲座则能够帮助其调整心态、优选学习方法，进一步提升自己。针对九年级学生的讲座则重在明确毕业班的学习侧重点和每个阶段的努力方向，避免学生不必要的学习焦虑，甚至学习迷茫、考试恐惧等。

2. 学科类讲座

与通识性讲座相比，学科类讲座更具针对性，能够针对不同学科特点和学生心理发展水平，选择适合该年级学生特点和该学科特点的讲座内容。凭借系列化的学科类学法指导课程，学生对相应学科所特有的学习方法有了更深刻的认识。这为学生迅速掌握相应的学习策略、提高学习效率，提供了有力保障。

例如，针对七年级数学学习，老师在讲座中首先明确指出中小学数学学法的差异，诸如小学数学知识属于初步介绍，其抽象程度较低；随着抽象程度的不断加深，尤其是数学从具体到抽象，由文字发展到符号、图形，从确定数学走向不确定数学，学习内容发生根本变化。然后根据学习的四个环节（预习、听课、作业、反思），对数学学法进行分层次、分步骤的指导，要求做到"多思、勤思、深思、善思"，用耳朵听、用眼睛观察，主动联想、猜想、归纳，逐步树立批判意识，学会反思。老师还以平时形成性练习为例，重点分析了数学中的直接法、间接法、数形结合法、特殊值法等常用解法的特点、利弊，帮助学生进一步明确数学试题的来源，进而能够从试题命制视角思考问题，而不仅仅从答题者视角把题目答对，更要学会分析数学题目背后的内涵及普适规律，学会联想，善用变式。

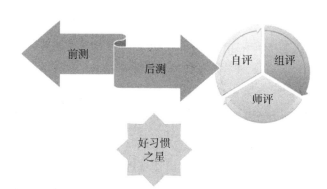

图 2-17　学法指导专题讲座中老师展示"好习惯之星"评价标准

（二）学法指导校本课程

开设校本课程是国家倡导、许多中小学校积极探索的重要话题。长期以来，由于受课程开发技术、专门人才等限制，校本课程开发、实施举步维艰。同时，实际运行的校本课程开发主要集中于国家课程校本化(或"二次开发")以及开发具有地域特色的乡土类校本课程。学习策略不仅应该而且能够成为校本课程开发的重要领域，其难点和焦点在于这类课程究竟包含什么内容，与国家课程如何呼应等。学校的实践表明，与国家课程数学、语文等平行开设学法指导校本课程，是学法指导课程化、显性化的关键。其主要目的在于有计划、有目标、成体系地培养学生所需的学法，其内容与国家课程内容同步而各有侧重。学校目前开设了"快乐数学""科学殿堂""英语影视欣赏"等多学科相互配合的学法指导校本课程，并每周一课时列入日常课程表之中，确保其有序实施。同时，这些课程与相应学科课程同步推进，并在课程内容上适当拓展。

(三) 渗透式学法指导

渗透式学法指导是指在国家规定课程内，根据教学进程和课程内容特点，在日常课堂教学之中有意识地渗透学法指导。"学法渗透课……是学习指导经常化、具体化并能获取实际效果的根本途径"①，尽管渗透式学法指导未必系统，但因其针对性较强而成为学法指导课程不可缺少的部分。而在实际实施中，由于教师自己对此问题认识程度不同，加之学校并无具体要求，在学科教学中，渗透式学法指导往往低效且虎头蛇尾。为了避免出现这种情况，学校日常教学管理上明确规定："各科教师在学科教学中不仅要让学生学会学科内容，更要通过课堂教学主动渗透学法指导，使学生会学。"即不仅要"授之以鱼"，更要"授之以渔"。在学校系统组织、督促检查和技术指导下，学校的渗透式学法指导逐渐成为所有教师教学的共性行为。

例如，在执教人教版二年级下册第六单元起始课"有余数的除法"时，学校的老师设计了一个有趣的游戏导入。

师：教室后面有一些小柜子，老师分别给每个小柜子编了 1—40 的序号(柜子的颜色依次是红、蓝、黄、白循环)。你们随便说一个号码，我不看柜子就能快速说出是什么颜色，你们相信吗？我们试试看！

游戏规则：学生任意说出一个序号，老师背对柜子猜出该号对应柜子的颜色。反复几次。

---

① 张相学.学法渗透课：亟待关注的教学研究领域[J].教育理论与实践,2012(12)：56.

学生们"哇""哇"的惊叹声不断。"老师怎么这么厉害啊！为什么呀？"……

师：你们想不想也变得这么厉害？其实，这里面有一个小秘密，让我们一起开始"探秘之旅"吧……

老师通过分夹子、摆小棒等活动，帮助学生自主构建"余数"等概念。即将下课时，开展展示图片找出排列规律小活动，教师说序号，学生回答，历经数次尝试，学生不禁惊叹："谜底原来是这样的：序号被 4 除，余数为 1 的全是红色，余数为 2 的全是蓝色，余数为 3 的全是黄色，余数为 0 的全是白色。"

"猜一猜"游戏使学生在"有余数的除法"起始课上，就能按余数将数字分类，序号被 4 除，余数为 0、1、2、3 的分别归为一类。这种巧妙设计，在激发学生学习兴趣、掌握"带余除法"概念的同时，帮助学生浅入深出地感受分类思想——这种思想恰恰是学生通过自主探索活动直接感悟的。

(四) 学法指导主题班会

学法指导主题班会是师生、生生就各种学法问题开展的主题讨论，并通过这种形式有针对性地解决学法的某一共性问题。与学校层面集体举行的学法指导讲座相比，学法指导主题班会更符合因材施教原则，更有利于化解班内学法的共性问题，推广成功学法，规避学法误区。现有研究中，为数甚少的研究者虽涉猎学法指导主题班会，但缺少具体的操作方法。学校通过实践摸索，逐渐形成了"教师引领＋典型示范＋同伴互助＋针对性辅导"的学法指导主题班会实施模式。其中，"教师引领"是从宏观上对本班学法进行引领，使全班学生能就某一学法形成共识，并自觉内化在自己的日常学习之中。"典型示范"能发挥榜样的带头作用，搭建学法交流互动、生生相互启发的平台。"同伴互助"是指在学法指导主题班会上，学生就某一学法问题，先由小组进行讨论，最后全班交流，凭借集体智慧解决问题。"针对性辅导"主要是针对后进生群体进行辅导。此时，诊断基础之上的针对性辅导变得至关重要。当然，上述四个核心要素未必要求在每节班会中全部实施，而可以根据学法主题灵活组合应用。

例如，"意会言传、智慧共享"学法指导主题班会前，任课教师和学生共同推出"学霸"作为典型,邀请"学霸"们将自己关于各学科的学习方法撰写成文,提交老师审核,审核通过后,在班会讲演,然后同学小组讨论,提出问题和建议,最后"学霸"进行解答,并由"学霸"对相应学科的薄弱同学进行针对性辅导。其中,英语"学霸"的学法金点子如下。

同学们,你们好！英语是全球通用语言,凭着英语便可走遍天下全不怕,所以我们必须学好英语。英语课上,建议做到以下几点。第一,课前预习。课前的翻译很重要,只有经过独立思考,核对单词表,才能更好地理解课文。如果只是在《教材全解》上摘几段话的话,那么请问,谷歌翻译不是更好,还省了不少钱呢！而且自己还提高了打字速度,老师也少批几本作业。但是到头来,亏的是谁呢?

第二,做书上的练习。练习是巩固知识的重要途径,好记性不如烂笔头,把笔头都写烂了,你说,学习能不好吗?

第三,上课听讲勤记笔记,并且要背出。如果把英语学习比作一场长跑,我多跑 5 米,你少跑 5 米,俩人相差 10 米,时光如白驹过隙,哪一天我跑完了,而你还只在半路跑。

第四,认真完成作业,不论是书面的还是口语的。正如寇老师所说:"英语没有语境,即使一大段好词好句放在你面前,你连单词都不认识几个,何来感受美?"如果有一天外国人问你:"How can I get there? Please..."假如你用方言味儿的口语回答,外国人就问你:"What are you talking about?"你也会尴尬脸红的吧！所以口语作业很重要。这只是我个人的成功学习经验。此外,人与人最大的区别就是坚持,坚持对英语的热爱,坚持认真的态度,坚持每天的努力！

(五) 心理疏导类课程

人一生的幸福并不取决于地位、财富、学历等外在条件,而在于拥有健康积极的心态。心理健康是学生会学的重要前提和加速器。为此,学校很有必要开设心理疏导类课程,激发学生内在的学习动力,培养积极进取的乐观心态;引导学生发现生活细节之美,学会调节情绪、调整心态,创造出积极、快乐的人生。心理疏导类课程采取主题式方法效果最佳。其中,在学习心理辅导方面,可设置"学习动机、学习策略、思维能力训练、应试心理、时间策略"等主题；在人际交往心理辅导方面，可设置"人际交往的艺术、拒绝的艺术、竞争与合作"等主题；在情意心理辅导方面，可设置"做情绪的主人、快乐生活、学习焦虑的调节和控制、意志力培养"等主题。通过一系列主题式的指导，可以帮助学生了解自己目前的学习状态，制定符合自身情况的学习目标，开拓思路、激发兴趣、拓展思维空间，掌握解决图形、文字等问题的常用方法和技巧，进而从容面对困难，以积极心态迎接各种挑战。

以学习策略主题训练为例：

首先，专职的心理教师通过设置三个问题引导学生思考、讨论，说出学习方法、学习策略的重要性。个别学生看上去不是特别用功，经常参加课外活动，课余时间也没有请家教，可是学习成绩还是挺好的；而有的学生花很多时间学习，但学习成绩并不理想，这是什么原因呢？联合国教科文组织曾经指出，未来的文盲不再是不识字的人，而是没有学会怎样学习的人。我们怎么样来理解这句话呢？学习策略有哪些，它包括哪几个方面？

接着，B老师指出学习的四个环节，即"课前预习——持之以恒，课堂学习——专心致志，巩固复习——及时经常，作业练习——认真仔细"，并发放问卷，指导学生填写问卷进行自测和自评。通过自我测试，学生能够发现自己学习的薄弱环节。在此基础上，学生就有针对地去改进和提高，达到全面掌握学习策略、培养良好学习习惯、促进学习进步的目的。

最后，师生一起讨论、总结每个学习环节上所用的学习策略，让每位学生对学习方法是否正确有了初步判断，对学习策略有了更明确的认识，并进一步体会学习方法的重要性。

（六）学法指导个案诊断

以尊重学生个性差异为价值取向的个性化教学，既是对我国古代优秀的因材施教思想的弘扬与发展，也是对班级授课制单一的集体教学弊端的超越与创新。[①] 学法指

---

① 熊梅，卜庆刚. 个性化教学组织形式的实践探索[J]. 中国教育学刊，2014(7)：42.

导更需要个性化教育，不同学生往往需要不同学法。在帮助学生之前，教师常常需要"诊断"学情、"对症下药"。

学法诊断通常包括学习性格诊断和学习知识诊断。性格不同，学法往往不同。在常态下，学生的学习性格通常包括社交型、活跃型、慎重型、自卑型、依赖型和刻板型。对于依赖型的学生，引导其独立思考最重要；而帮助自卑型的学生，重树学好的信心是当务之急，为此需要帮助其找到闪光点。在日常教学中，学生的学习困难往往千差万别，其解决方案也迥然不同。此时，实施"导师制"效果最佳，即一位任课教师每学期带若干名学生。一方面，可以与这些学生经常谈心，及时了解学生在校情况，洞察其生活、学习的困难；另一方面，可以帮助学生主动反思，明确学习薄弱环节，并根据其学习需求，搭建他们与导师之间的桥梁，在"学法指导诊断室""首席教师学法指导室"有针对性地解决疑难，形成学习的良性循环。

以"学法指导诊所"为例：

> 学校学法指导诊断室被学生们称为"学法指导诊所"，深受学生喜爱。"诊所"活动固定在每天中午课余时间进行，分为"学科诊所"和"通识诊所"，采取"学生问诊式"和"教师追踪式"。"学生问诊式"是学校向全体学生发放"诊疗单"，自认为学法有问题的学生可以根据自己的情况填写"诊疗单"，而后携带"诊疗单"找教师"医生"咨询，根据学生的具体问题，诊断教师给出针对性建议。"教师追踪式"指教师根据日常教学观察和过关检测发现"学法问题生"，由教师对该生进行针对性的辅导，开出相应"处方"，并及时追踪，督促其矫正。无论"诊疗单"，还是"处方"，学生都可以留存，记录自己学法的提升足迹，在不断改进中激励自我。"学法指导诊所"聚焦学法困难生的改进，并与学法指导讲座、校本课程相呼应，共同构建学校层面到学生个体层面的学法指导课程体系，确保学生学业水平质量的稳步提升。

通过学校的学法指导系列课程的实践探索，我们可以发现：学校统筹规划、全面实施是落实的关键，"淡化差、尊重异"且帮助学生优选学法是实施的要领，结合特点、分类落实是实施的手段。

案例 2-12 关键生导师课程方案及实践成果

一、 课程界定

在教学过程中,教师遵循学生学习规律,针对学生实际,采用恰当的途径帮助学生发展适合自己的学习方法,这种过程通称"学法指导"。自主学习是学法指导的核心,自主学习行为是指个体对其从事的学习活动所进行的自我调节与控制行为。自主学习行为包括学习过程中个体学习目标、安排学习步骤、调节学习努力程度、选择学习方法、利用学习时间、检查与分析学习效果、采取补救措施等行为表现。优化自主学习行为最终标志着学法指导的成功实现,也是学法指导得以有效开展的前提。

学法指导需要个性化教育,不同学生往往需要不同学法。导师在帮助学生之前,常常需要"诊断"学情、"对症下药"。所以针对九年级的关键(学习困难)学生要进行个体学法的诊断与指导,总结成功的案例。

个体学法诊断与指导的对象是九年级三十多位关键学生,指导教师是学校聘请的学生导师。

二、 课程目标

规划:帮助关键学生制定学习计划。

督促:督促并检查任课教师布置任务的完成情况。

谈心:每周谈一次心,做学生的知心朋友。

疏导:视情况及时做好心理疏导。

指导:做好学法指导,或者帮助学生联系学科老师进行辅导(用"诊断卡")。

三、 课程评价

课程评价采取导师分级评价,其中,在目标10%以内的评为A级导师,超过目标

10%—20%的评为 B 级导师,超过目标 20%—30%的评为 C 级导师,超过目标 30%—40%的评为 D 级导师,超过目标 40%—50%的评为 E 级导师,超过目标 50%以上的评为 F 级导师。

四、 课程实施

表 2‐26　关键生学习诊断记录表

日　期		地　点	
学习表现			
学法诊断 与矫正措施			

(四) "向真的学识"模组

"向真的学识"与中国学生发展核心素养中"人文底蕴、科学精神"这两个目标相对应,包括"崇文、重理、跨界、贯通"四个内涵。我们强调"跨界贯通",是基于未来人才培养需求和九年一贯制学校的实际特色定位的。"向真的学识"模组中包含国家基础课程、阅读系列课程群、时事新闻课程群(M2N)、兴趣实验课程群、学科拓展课程群和STEAM 课程群。

案例 2-13 "数字编码创客"课程方案

在数字化的现代社会里，数是人们表达、交流和传递信息的重要手段。数字以其方便简洁的表达形式被运用到了生活的方方面面。数字编码在表达与交流中简明与科学。2011 年版《义务教育数学课程标准》学段目标在第二学段的"情感态度"中写道："愿意了解社会生活中与数学相关的信息，主动参与数学学习活动。""数字编码"是五年级"数学广角"的一课时学习内容，学生只是了解了身份证编码的意义，却不知数字编码在生活中还有广范应用。基于此，我们把数字编码作为拓展课程，目的在于给足兴趣小组的学生学习研究的时间和空间，探究出数字编码更多的编排规律及其在生活中的应用。通过实践活动进行简单的数字编码，能更好地培养学生的抽象、概括能力，这是向学生渗透编码的数学思想的重要方式。"数字编码创客"课程隶属我校"五向"课程群中的"向真的学识"模组，主要从收集信息、解读处理信息、实际应用等多个方面发掘进行创客实践活动，并在解读生活中的常用编码、探究数字编码的规律、尝试数字编码、运用数字编码解决生活中的问题等多方面探索。

一、课程价值分析

数字编码是指生活中的数字与编码，有别于计算机编程中的编码，是只采用数字和相关特殊字符来表示数据和指令的编码，如身份证号码、车牌号码、电话号码、发票号码、报纸杂志发行号码、商品条码等。简单地说，就是用数字或者字母为物品编号。

那么怎样更好地让学生从数字编码中了解到更多信息，体会数字编码给我们的生活带来了很大的方便呢？这需要使学生认真学习数学，仔细观察数字在生活当中各方面的应用，掌握其规律。让学生尝试从常见的现代技术应用中发现问题并进行探究，使学生具有运用研究结果改善生活的意识；让学生收集并观察现代技术在生活中的应用实例，研究一种现代技术的简单规律及意义，并能有意识地运用现代技术服务于生活。培养学生形成科学态度，掌握科学方法，提高科学素养。

（一）在收集信息过程中感受数字与生活的紧密联系

学生在课前可以利用报刊、网络、书籍等收集自己感兴趣或者老师、小组规定的一类或多类数字编码，以提高探究精神和实践能力，着重培养动手动脑、团结协作的能力，从而体会数字编码在日常生活中的应用，感受数学和生活密不可分的关系，知道数学源于生活并服务于生活，做到学数学、用数学，增强对数学的学习兴趣。

（二）在解读数学编码含义过程中提高处理信息的能力

小组成员及时把资料集中起来，在小组长的组织下进行分类处理，并做好记录工作。学生从搜集车牌号、电话号等过程中自主发现这些数字编码中的"秘密"，了解蕴含的简单信息和编码的含义，并通过观察、比较、猜测来探索数字编码的实际方法，探究出数字编码的编排规律。学生去研究、探索，并利用现代化的设备和手段找到答案，在学习的过程中提升跨学科学习的素质和能力，从而发展语言组织能力、探访研究能力、处理能力等在内的综合素养。

（三）在根据实践需要进行数字编码中提高解决问题的能力

通过课前、课中和课后的实践活动，学生了解了生活中有些多位数能够起到编码的作用，每个数位上的数字代表特定的意义。数字编码是一种抽象的数学思想方法，在这里让学生通过日常生活中的一些实例，初步体会数字编码在解决实际问题中的应用，并通过观察、比较、猜测来探索数字编码的简单方法，学会运用数字进行编码，初步培养学生的抽象、概括能力。教师要允许学生采用不同的形式，并且要放手让学生亲身去体会、经历运用所学知识解决实际问题的过程，培养学生的探索精神和实践能力。学生的数学学习内容是现实的、有意义的，富有挑战性，这些内容有利于学生主动地进行观察、实验、猜测、验证、推理与交流。学生将已有的知识通过观察、实验、猜测、验证，进一步整理、抽象、深化，由感性认识上升到理性认识。

（四）在迁移类推中生成创造力

目前收集的生活中的数字编码具有当下时代特征，它更多的是现时的功能，而这些功能不一定能适应以后的生活，因此，编码也要预判未来，这便可以让学生去发散思维，大胆尝试新的形式，跟上时代需要，赋予数学创造活力。在注重解决当下问题的同时，突出实践操作性，将课程与学生的生活紧密联系在一起，使学生在实际生活中感受数学的未来之美。

二、 课程设计思路

以学生学习活动方式划分学习领域,加强学习活动的综合性、实践性、探究性。本课程分"收集发现数字编码、探究尝试数字编码、创新运用数字编码"三个学习领域(见图 2-18),以此发展学生的探索精神和实践能力。

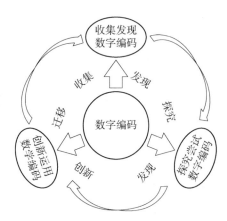

图 2-18 "数字编码创客"课程框架图

根据学生的发展水平和数字编码学习的具体特点,我们主要从"数学活动、实际应用、创新应用"三个单元设计课程和学习活动。

表 2-27 学习单元、学习领域与设计思路关系表

单元	学习领域	设计思路
数学活动	收集·发现	以收集、对比发现规律为主。学生利用报刊、网络、书籍等收集一类或多类数字的编码,将收集到的数字编码进行分析,发现数字背后隐藏的意义,从而体会数字编码在日常生活中的应用,感受数学和生活密不可分的关系。着重培养学生动手动脑、团结协作的能力。
实际应用	探究·实践	本单元主要以手机号码、车牌号码、学籍号、银行卡、高铁动车号、商品条码等生活中常见的数字编码为切入点,让学生自主发现这些数字编码中的"秘密",了解蕴含的简单信息和编码的含义,并通过观察、比较、猜测来探索数字编码的实际方法,探究出数字编码的编排规律。进一步,要求学生根据生活需求尝试编码,给自己的班级图书编号,给学校的每一个学生编一个学号等。培养学生跨学科学习的素质和能力。

续表

单元	学习领域	设计思路
创新应用	迁移·创新	在前两个单元的基础上，对教学内容与创作要求进行了更高一层次的提升，要求学生运用数字编码解决生活中的问题，并在解决问题中迁移方法，对传统的现有的编码进行未来的预判创编，让学生发散思维，大胆尝试新的形式，跟上时代需要，赋予数学创造活力。

三、课程目标

学生结合生活实际，通过上网搜索等方式，初步了解编码的有关知识，体会到数字编码的优越性和科学性，并能简单运用编码规律编写其他号码；通过活动，初步培养收集信息、处理信息的能力，认识到数学知识源于生活，服务于生活，激发起热爱数学的积极情感及创新意识。本课的重点是上网查找资料、初步了解某类号码的编排特点，利用编码规律设计简单编码；难点是对搜集的信息进行分析与处理，根据实际需要设计简单编码。学生在生活经验和已有知识的基础上，通过观察、比较、猜测来探索数字编码的实际方法，学会运用数字进行编码，探究出数字编码的编排规律及在生活中的应用，学会表达和交流解决问题的过程和结果，培养探索精神和实践能力。

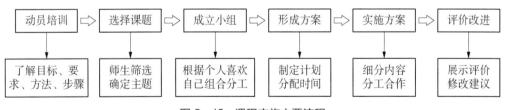

图 2-19 课程实施主要流程

表 2-28 "数字编码创客"单元学习目标

单元	学习领域	学习目标
数学活动	收集·发现	1. 多种途径收集生活中常见的感兴趣的数字编码。 2. 通过收集活动，提高合作能力和社会实践探究能力。 3. 体会数字编码在日常生活中的应用，感受数学和生活密不可分的关系，知道数学源于生活并服务于生活，做到学数学、用数学，增强对数学的学习兴趣。

续表

单元	学习领域	学习目标
实际应用	探究·实践	1. 了解不同编码的结构与含义。 2. 通过观察、比较、猜测来探索数字编码的实际方法，探究出数字编码的编排规律，并根据生活需求尝试编码。 3. 探索数字编码的简单方法，能运用数字和字母进行编码。
创新应用	迁移·创新	1. 利用探究规律解决生活中的问题。 2. 在解决问题中迁移方法，对传统的现有的编码进行未来的预判创编。 3. 将已有的知识通过观察、实验、猜测、验证，进一步整理、抽象、深化，由感性认识上升到理性认识。

四、课程内容

本课程共计 15 节课。其中"数学活动"6 课时，"实际应用"4 课时，"创新应用"5 课时，教学总课时数为 16 课时，每周 1 课时。

表 2-29　"数字编码创客"课程内容

单元	课时	内容概要
数学活动	6	通过"揭秘手机号""清洗车牌号""彻查学籍号""有趣的银行卡号""生动的高铁号""灵动的商品条码"等课，让学生从多种途径收集信息，了解不同数字编码的结果和含义，学会用自己的方式去关注，用自己的眼睛去欣赏，用自己的语言去表述。
实际应用	4	从"密码与编码"开始，紧接着"编码学号""编码寻书""编码小柜"，让学生自主深入学习与探究，尝试创编。
创新应用	6	主要是以感知"遗失校服找主人"为切入点，在解决生活实践问题的基础上编码再创作。以"未来身份证号码"让学生迁移创作，培养科学意识。最后是综合性课程"数字编码思维导图""数字编码数学小报""数字编码数学作文"。

五、课程实施建议

本课程实施过程中要注重对学生数据分析能力、实践能力、探究能力、创新精神的培养。教学应该源于生活，用于生活，创造条件，多给学生创设实践活动平台，让他们有更浓厚的数学学习兴趣,引导学生迁移、大胆创新。在教学过程中,我们要帮助学生获得亲身体验,形成乐于探究的心理倾向,从而培养学生发现问题、提出问题、解决问题的能力。

六、 教学建议

作为老师应善于认真学习,深入生活中各类数字编码,也要了解编码特点及编制方法,将学到的知识传递给学生,以履行"传道授业解惑"的师道职责。在教学中,教师根据需要采取"学生主导,教师辅助"的教学方法,可以节选部分单元课程重新调整组合,发现问题就可以马上应用"解决、迁移、创新"教学组合,以便进行有效的教学活动。

(一) 数学活动

本单元以收集发现为主,要求学生着重学会收集不同号码,感知不同数字编码的结构和含义,体会数学与生活的紧密联系。

第1课"揭秘手机号"(收集·发现)(1课时)

操作建议:本课可以在课前让学生通过搜索网络、询问长辈、查阅图书馆等途径,事先做好一些有关数字编码方面的文字与图片资料的收集,在学生有一定了解的基础上进行手机号码揭秘分析解读教学。整合孩子们收集到的资料和老师的备课资料,在课堂上以师生互动的形式分析讨论。

注意事项:教学中,不要急于用简单的讲解代替学生的感情认识,多给学生自己发现规律的机会,通过比较、讨论等方法,引导学生体验、思考、判断,提高其发现问题的能力。

第2课"清洗车牌号"(收集·发现)(1课时)

操作建议:本节课学生重点了解车牌号码的结构和含义,知道车牌号码就是车辆的一个标识信息,是区别于其他车辆的一种号码标识;再对收集的车牌号码进行分析提炼,在课堂上进行资料分享。本课难度不高,却注重培养学生发现问题、提出问题的能力。

注意事项:课堂上仍需要适当地进行小组合作分析,加强学生发现问题的能力。学生代表发言步骤要清晰,有一定的启发性,保证全体学生能听清。

第3课"彻查学籍号"(收集·发现)(1课时)

操作建议:这节课需要教师带着学生有目的地观察学籍信息号码,将所见所闻用文字符号记录。

注意事项：老师要鼓励学生主动学习探究，通过观察、思考、询问等活动，对学籍号码做系统的了解，引导学生开展探究性的学习并发表自己的见解。

第4课"有趣的银行卡号"（欣赏·发现）（1课时）

操作建议：教师可以引导学生提前通过网络、图书馆等渠道了解全国各大银行卡号码的区别等，再将收集到的资料在课堂中分享、归纳、总结。

注意事项：尽可能让学生自己说、自己归纳，培养其自主意识，激发他们专注探究的意识。要充分保证学生学习形式的灵活多样、针对性强，符合学生实际技能水平。

第5课"生动的高铁号"（探究·分析）（1课时）

操作建议：本节课主要让学生了解无论一等车还是二等车，带字母A和F的座位靠窗，带字母C和D的临过道，所以一拿到票就可以知道自己的座位是靠窗还是靠走廊，与航空系统相同。老师主要解决的是如何让学生解读号码背后的信息。

注意事项：老师讲授时语言要简练，数学术语运用要准确，提问要紧扣教学目标，要把握提问时机，问题要符合学生的认知规律，给他们一定的思考空间。

第6课"灵动的商品条码"（探究·分析）（1课时）

操作建议：本课要求学生了解商品条码的编码格式，并寻找背后的意义。注意这里的"寻找"是尽可能让学生自己说、自己选择，培养学生的自主意识，激发他们关注身边编码材料特性的意识。老师可在课前准备足够丰富的创作材料，也可以布置任务让学生事先准备。

注意事项：要充分保证学生课堂作业的时间，内容和形式可灵活多样，但需针对性强，符合学生实际技能水平。课堂作业尽量课内完成，课外作业以预习和拓展为主，不增加学生课外作业负担。

（二）实践应用

本单元主要是让学生了解并掌握数字编码的一般形式，从基本的解读模仿再到创作编码，由浅入深，旨在让学生在实践操作中体验数学的乐趣，感受到生活中处处有数学。

第7课"密码与编码"（探究·分析）（1课时）

操作建议：先让学生了解密码的表现特征，并让学生说说编码与密码的联系与区别。本课教学切入点是一组密码，但在引导中，应鼓励学生对数字编码进行解析。

注意事项：密码的内容只是初步了解即可，可以根据学生的实际情况进行难度调整。

第8课"编码学号"(探究·分析)(1课时)

操作建议：这是一节实际创作应用的课，学生需要根据学校人数、班级人数、入学年份等情况对自己的学号进行编码，需要耐心与细心地创作。这时老师可以鼓励学生多方面考虑，做到编码的唯一性。

注意事项：让学生可以从小到大，或者从大到小的范围来思考，引导学生让自己的学号具有唯一性，或者在本校保证是唯一的，也可以拓展到本区、本市来考虑。

第9课"编码寻书"(探究·实践)(1课时)

操作建议：本节课主要让学生给自己教室的书籍进行编码，教师要引导学生注意如何呈现的问题。教学中，教师根据教学目标选择合理的方法进行新课导入，导入要能引起学生注意，激起学生的学习兴趣，使其思维指向教学内容，以便于学生建立新旧知识的联系。

注意事项：讲授时语言要简练，数学术语运用要准确，提问要紧扣教学目标，要把握提问时机，问题要符合学生的认知规律，给他们一定的思考空间。

第10课"编码小柜"(探究·实践)(1课时)

操作建议：有了前面几节课的铺垫，学生们对编码有了一定的认识，有了一定的编码能力。因此设计环节无需讲得太多，只要给学生适当时间便可，留更多的操作时间给学生完成创作。

注意事项：等个人作业完成后老师再引导小组呈现，当然，适当的时候老师要进行示范与引导。

(三) 创新应用

这个单元主要以创新实践为主，设计的课程都是综合性较强、思维空间更加发散的，使学生在一定的范围里更系统地将数学编码应用到创作中，让学生经历数学编码的"解析—实践—创作"完整流程，实践形成"外化—内化—外化"的品质提升。

第11课"遗失校服找主人"(迁移·创新)(1课时)

操作建议：本课是让学生体会生活中的很多问题都可以用数学知识来解决，生活中处处有数学,这对有一定数学基础的中高年级的孩子们来说并不难,所以老师主要解决的问题是如何引导学生给校服编码以防丢失找不到主人,以及如何将学生的作品进行完美呈现。

注意事项:使学生熟悉编码形式,从而更多地运用于信息交流。

第12课"未来身份证号码"(迁移·创新)(1课时)

操作建议:对未来的遐想是无限的,本课给学生更大的思考想象空间,让学生能放眼未来,不被现状束缚,用数学的眼光看世界。

注意事项:本节课是在学习了解数学编码之后,让学生自由发挥想象,应该以鼓励为主,接受学生的不足,培养他们的创作自信。

第13课"数字编码思维导图"(迁移·创新)(2课时)

操作建议:学生随着学习的深入,面对大型作业时已经坦然自若了,创作的手法与表现形式也变得更大胆,因此本节课设定了足够的课时让学生自由发挥,老师要做的就是提供材料与场地。

注意事项:主要是小组合作,自选主题。在最后展示作品时教师适当地进行技术指点。

第14课"数字编码数学小报"(迁移·创新)(1课时)

操作建议:本节课是上一课的应用延伸,老师需在这一课寻找相应的作品,拓宽学生的思路。

注意事项:小组合作学习,鼓励学生大胆创作想象,合理布局,分工明确。

第15课"数字编码数学作文"(迁移·创新)(1课时)

操作建议:高年级的学生数学文字表达有一定的基础,但这种类型的创作是他们第一次接触的,这时老师们要做好示范工作,其他的都交给学生自主完成,相信他们会给你带来惊喜。

注意事项:任何的创作都要给予学生充足的创作时间。

七、评价建议

(一)展览评价法

课程的最后以数字编码为主进行延伸,以"数字编码思维导图、数字编码小报、数字编码作文"等作品展,让老师、家长、同学一起鉴赏,从而让学生体验到"数字编码创客"学习带来的成就感和持久学习动力。

(二) 多元评价法

重视评价形式的多元性,采用学生自评、互评及教师和家长对学生评价等方法。重视学生的自我评价,引导其反思。引导学生客观全面地评价自己。加强互评,促进交流,强调关注同学的优点和长处。教师、家长评以鼓励为主,积极引导,树立学生的信心。肯定激励与诊断评价相结合,关注对学生情感、态度、价值观的评价。

(三) 多元星级评价

在学习手册的每张课程学习单下,我们专门设立课程学习评价区,引导学生自评,设有"收集之星""探究之星""创作之星"等称号,从而对学习成果更有针对性地评价。

(五) 向新的行动模组

"向新的行动"模组与中国学生发展核心素养中"实践创新"这一目标相对应,包括"动脑质疑、动手合作、动口表达、动身实践"四个维度。其主要包含国家基础课程和头脑风暴课程群、拓展训练课程群、演讲辩论课程群、社会实践课程群和研究型学习课程群。

案例　2-14　"花语"课程方案

一、"花语"课程简介

我校本着"智慧的教育"办学理念,着眼于提高学生综合素养和发展学生个性特长。通过少儿国际语言文化"花语"课程的实施,促进智慧校园的营造,推进文化校园的建设。同时,通过学校课程建设和国家课程的校本化实施,为学生提供丰富而适切的课程,使学校课程体系更合理,学校特色更鲜明。

花语是指人们用花来表达人的语言，表达人的某种感情与愿望的一种交流形式，其谐音"话语"是人们口头表达的一种语言。口语表达能力、交际能力是当今社会人与人之间交流合作必不可少的能力。一个恰当的表情、一句合适的话语、一场精彩的演讲、一次有深度的交谈都直接影响着说话人与表达对象的关系，因此，从小培养学生的口语表达能力、交际能力能为其未来的发展打下良好基石。少儿国际语言文化"花语"课程是在国家课程口语交际课的基础上，基于我校"五向"课程中"向新的学识行动"模块中开发的一门校本化基础课程。

二、课程内容与学时分配

(一) 课程内容

"花语"课程包含了 5 大子课程，其中："君子兰礼仪"课程和"勿忘我交往"课程是基础性课程，贯穿于一至六年级；"迎春花故事"课程指向一、二年级；"喇叭花主持"课程指向三、四年级；"满天星评论"课程指向五、六年级。

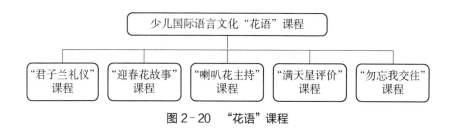

图 2-20 "花语"课程

(二) 实施安排

表 2-30 "花语"课程实施安排

范围	校内				校外
	学科课程	拓展课程			
时间	每日十分钟	每日学科课堂	每周一节拓展课	每学期一次汇报活动	每周家庭活动
方法	组内互评 组间评价	即时评价	即时评价	集中评价	即时评价

续表

范围	校内				校外
	学科课程		拓展课程		
评价人	小组成员全班学生	学科教师	学科教师	学生+教师评价团队	家长
评价结果	表达优秀学生	交流优秀学生	交际优秀学生	"花语之星"	"花语之星"

(三) 教学内容选取依据

"花语"课程是国家基础课程基础上的一个拓展和延伸。因此,整个教学内容的选择以语文课程标准为纲,结合年段目标和学生年龄特点,进行适时、适度地开发。

表 2-31 "花语"课程教学内容表

年级		课程教学内容
一年级	一上	"花语"话题: 1.自己喜欢做的事 2.神奇的手 3.我给星星打电话 4.帮助 5.买书 6.寻求帮助
	一下	"花语"话题: 1.它像什么? 2.借东西 3.孝敬父母 4.家里来了客人 5.联欢会 6.完美的橡皮擦 7.我喜欢的电视节目 8.想个好办法
二年级	二上	"花语"话题: 1.有趣的事 2.学会安慰 3.树叶 4.我爱听的故事 5.我不舒服 6.怎样多认字 7.动物过冬 8.互相学习
	二下	"花语"话题: 1.春天好,还是夏天好? 2.他让我告诉你…… 3.学会赞美 4.做错事以后 5.我喜欢的卡通人物 6.我说你猜 7.查资料 8.说说你的班级好建议
三年级	三上	"花语"话题: 1.教师节到了 2.我的爱好 3.秋游 4."对不起""没关系" 5.我来晚了 6.可爱的小猫 7.我很勇敢 8.假如风有颜色
	三下	"花语"话题: 1.压岁钱 2.紧急情况 3.大海 4.下雨算什么 5.同学的优点 6.发明带来的变化 7.帮助过我的人 8.故事会

年级		课程教学内容
四年级	四上	"花语"话题： 1.请读一读这本书　2.小鸟是我们的朋友　3.美丽的校园　4.我是小导游　5.是怎么一回事　6.真舍不得他　7.赞美的话　8.我不向困难低头
	四下	"花语"话题： 1.请投我一票　2.给妈妈一个惊喜　3.小小调解员　4.怎么办　5.谁去最合适　6.照片上的故事　7.大家一起行动　8.好朋友
五年级	五上	智慧交际话题： 1我当主持人　2.欢迎你，朋友　3.嘘！小声点　4.我来告诉你　5.名言警句记我心　6.学会分享
	五下	智慧交际话题： 1.有意思的地名　2.我喜欢的书中人物　3.感动我们的人和事　4.请帮帮我　5.我的才能我展示　6.广告套用成语我来看
六年级	六上	智慧交际话题： 1.我们给他出主意　2.请理解和支持我　3.远行路上　4.网络的利与弊　5.热点新闻大播报　6.探索宇宙的奥秘
	六下	智慧交际话题： 1.给我一次机会　2.学校要开家长会　3.与校长对话　4.我做"小小评述家"　5.讲诚信与善意的谎言　6.科技发展利弊大讨论

(四) 教学内容组织安排

语文课程标准指出："口语交际是听与说双方的互动过程。教学活动主要应在具体的交际情境中进行。"学生口语交际中灵活机智的应变能力必须在口语交际的实践活动中反复练习，才能形成。因此，"花语"课程要在教学中有意识地多创设一些交际情境，让学生在实际或模拟的交往活动中无拘无束地进行口语交际训练，提高口语交际能力。以 2017 学年第一学期的"花语"课程综合活动为例，我们根据课程目标和课程内容，设计了以下展示性活动，让学生在真实的交际情境中实现能力的提升。

表2-32　展示性活动案例

年级	活动内容	指向课程
一年级	小芽儿读课文（学生个人展示——班级集体展示）	"迎春花故事"课程
二年级	小花苗讲故事（班级个人赛——年级展示）	"迎春花故事"课程
三年级	喇叭花小主持（班级个人赛——年级选拔赛）	"喇叭花主持"课程
四年级	我是校园讲解员（班级选拔赛——年级展示）	"喇叭花主持"课程
五年级	我是小小评述家（班级个人赛——年级展示）	"满天星评论"课程
六年级	我为弟弟妹妹读本书	"勿忘我交往"课程

三、 花语课程考核与评价

"花语"课程根据课程实施安排，分为即时的星级评价和集中的综合评价。

表2-33　"花语"课程即时评价标准

年级	星级评价标准
一年级	1星：能认真听别人讲话；学讲普通话，完整地讲述小故事；交谈有礼貌。 2星：能认真听别人讲话，了解主要内容；逐步养成讲普通话的习惯，简要复述感兴趣的见闻；态度比较自然。 3星：能认真听别人讲话，了解主要内容；用普通话讲述故事和见闻；讨论中能态度自然、大方、有礼貌地发表自己的见解。
二年级	1星：学会倾听，了解主要内容；普通话语音准确、口齿清楚；语言文明、有礼貌；能积极参与交际。 2星：学会倾听，并了解不同的倾听技能；普通话语音准确、口齿清楚、表达流畅；能够边倾听边思考；积极参与交际，敢于发表自己的意见。 3星：能在不同情境下使用不同的倾听技巧；能时讲普通话，且语音准确、口齿清楚、表达流畅；能够边思考边交流；能主动交流，对同伴做出肯定。
三年级	1星：认真倾听，把握主要内容；能用普通话讲述见闻；不理解的地方向人请教。 2星：认真倾听，把握主要内容；清楚明白地讲述见闻，说出自己的感受和想法，能简要转述；就不同意见与人商讨；能准确运用礼貌用语；能就他人回答做出适时回应。 3星：认真倾听，把握主要内容；具体生动地讲述感受和想法，能简要转述；就不同意见与人商讨；能主动交流，态度自然得体。

年级	星级评价标准
四年级	1星：认真倾听，能把握主要内容，并能简要转述；能清楚明确地使用普通话与人交流，注意语音、语调；能倾听并思考。 2星：认真倾听；能就自己不理解的地方主动请教；倾听中尊重别人，并对他人的问题做出回应。 3星：认真倾听，能把握主要内容，并能简要转述；能使用普通话具体生动地讲故事；能就自己不理解的地方主动请教；倾听中尊重别人，学习商量，能协商好小组内的冲突。
五年级	1星：与他人交流有礼貌，能抓住要点；表达有条理，并能恰当转述。 2星：能耐心有礼貌地听他人讲话，与他人交流要抓住要点，表达要有条理，语气、语调适当；能根据对象和场合做好准备，进行简单的发言。 3星：明了对方的意思，抓住要点，根据需要捕捉相关信息，适时做出恰当的有条理的言语反应；能根据交流对象和场合，有礼貌地与他人交流，语气、语调适当；能恰当运用眼神和手势。
六年级	1星：能有响应地、尊重地倾听他人的观点，并抓住要点；能根据交流对象和场合，稍做准备做简短发言。 2星：对他人的观点表现出耐心与宽容，理解他人的需要；能有理有据地介绍、支持、辩护自己的想法与观点。 3星：在交际过程中，能有效地参与小组讨论，并能自信、高效地表达想法、感受和观点。

四、 活动示例

（一）四年级"我是校园讲解员"活动方案

1. 活动目的

① 增强学生对校园文化的认识理解。

② 加强校园学生凝聚力，发扬校园文明建设精神。

③ 培养学生的语言沟通能力，增强学生认识校园文化、理解校园文化的积极性。

④ 为学校培养校园讲解员的新生力量，使得外来参观人员以及新生入校时能够更加清楚地认识学校，将我校的悠久历史更加清楚地展现在人们面前。

2. 活动过程

第一阶段：班级海选（全员参与）。学生根据《校园讲解小手册》，挑选自己最感兴趣的一个地点，在班级内进行模拟讲解（或实地进行讲解选拔）。

第二阶段：集体展示（"校园小讲解员团"）。在班级海选的基础上，成立校级"校园小讲解员团"并培训，然后进行现场讲解展示，班级学生巡回参观。

3. 活动评价标准

表2-34　"我是校园讲解员"评价标准

评价内容	评价标准	评价结果
仪表（20分）	仪表端庄，表情自然，形体动作大方得体。	
表达（20分）	讲解清晰，普通话标准，语速适中，语调亲切。	
应变（20分）	思维敏捷，应变能力强。	
协调（20分）	有较强的现场组织、协调能力。	
合作（20分）	责任心强，富有团队合作精神。	

（二）五年级"我是小小评述家"活动方案

1. 活动目标

为丰富学生课余生活，活跃校园气氛，开拓学生思路，引导学生关注社会问题、生活现象，提高语言组织表达能力和逻辑思维能力，提高同学评论水平，发掘培养"向新"学生，开展"我是小小评述家"活动。

2. 活动过程

第一阶段：探索整理（全员参与）。学生根据"小小评述家"活动单搜集资料、整理资料，资料可以是照片、剪报、文字。然后根据搜集的资料，撰写自己的评述。

第二阶段：班级交流。学生拿着"小小评述家"活动单，在班级内举行交流活动，并评选出班级"小小评述家"。

第三阶段：年级展示。推选出的班级"小小评述家"用PPT等形式进行年级展示交流。

3. 活动评价标准

表 2-35　"我是小小评述家"评价标准

评价内容	评价标准	评价结果
内容(20 分)	留心观察生活,关注社会问题,所选内容有一定的意义。	
仪态(20 分)	评述时自信、大方,手势自然。	
表达(40 分)	评述观点清晰,见解有一定的深度,表达流畅。	
互动(20 分)	评述时能与同学、老师有一定的互动。	

案例　2-15　　"科创农场"课程群建设及实践方案

一、"科创农场"课程群介绍

目前,中小学的 STEAM 教育多以编程类、媒体制作类软件为载体,比较常见的课程有 3D 打印、编程机器人、乐高机器人等,我们学校就建设了 3D 打印和机器人专用教室来开展 STEAM 教育。我们在实施过程中发现这一类课程存在一定的局限性:首先,因为设备有限,受众面小,加上专业性比较强,师资比较紧张,学生能参与的次数非常有限;其次,学生学完后对这一技术的运用缺少实际的需求,制作的作品往往仅用于展览,缺少实际应用的价值。

按照 STEAM 教育理念,学生的学习是为了要解决一个具体的任务,为了达成这一任务开展综合学习,学生是问题的解决者,是参与者也是设计者,是一个充满活力的个性主体。但是,在当下的 STEAM 教育中,学生依然是一个被动的接受者,是一个充满好奇的学习者,与问题的解决者还是有一定的差距。

"科创农场"的存在价值,是它作为学生开展创造性学习的空间,为学生提供了一个真实的实践环境,拥有真实的环境与事物,是学生已有知识和实践结合的实践场所。学生在这个类似于教室的空间内,面对真实的问题,围绕问题的解决开展学习、探索,不断成长。农场是大自然的一部分,也是学生生活环境的一部分,科创是现代人类文明在农业种植中的运用。但是,"科创农场"不是一个科学技术的陈列馆,或一个只能供学生参观的场所,而是一个立足于学生的现有水平,让学生开展综合学习、项目学习以及劳动实践的场地,是学生参与新时代劳动教育的基地,为此,我们决定围绕"科创农场"开发课程群,开展综合学习和进行劳动教育。

二、 课程群架构的基本情况

(一) 有机融合的课程

课程群是有紧密联系的课程集合,而不是课程的简单相加,它能摆脱课程的单一性,尽量实现课程内容融合。课程群的课程紧紧围绕教学体系或培养目标展开,课程间的知识、方法、问题等逻辑联系愈加外显,有效促进学生知识的贯通及迁移应用。课程内容的整合通过对课程群的整体规划设计来填补空白,实现整体效益的最大化。

(二) 课程群结构

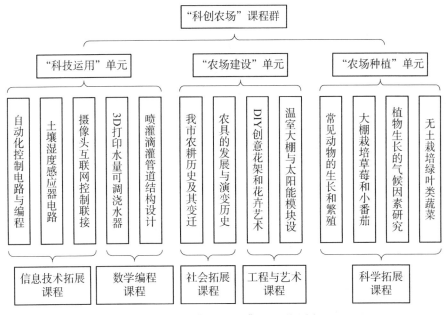

图 2-21　"科创农场"课程群示例

三、课程实施路径

(一)课程实施基本思路框架

课题在研究过程中,尝试课程群与多学科链式开发的研究思路,设计立足多元课程跨界实施和立足项目化开展的实践思路。

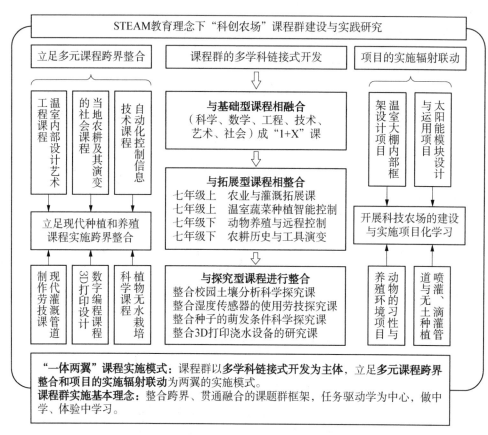

图 2-22 课程研究思路框架

(二)课程群开发的研究思路

我们深入思考 STEAM 教育理念下"科创农场"课程群建设与实践的开发研究和实施探索。课题在研究过程中,尝试以课程群的多学科链式开发为主体,以核心课程的实施和课程群项目化实施为两翼的"一体两翼式"实施途径。

1. 课程群内多学科课程链接式开发

教师挖掘学科中与"科创农场"相关联的，活动性、体验性、探究性都强的教学内容，以"学科知识联动整合、学科功能联动整合、知识与生活联动整合、跨学科联动整合"四种策略为主，进行资源融合、创生，作为"科创农场"课程的研究专题。

2. 与基础学科相融合

基础学科教师开展基础学科定向拓展，挖掘学科中与"科创农场"建设关联的主题进行教学资源重整，学科融合，推出教师个人的"1＋X"课程表。

表 2－36　"1＋X"课程表

学科	主题内容	课时内容安排
科学	气候与植物	植物的分布、环境对植物的影响、土壤对植物的影响、浇水量与植物生长的关系
科学	动、植物的生长与繁殖	种子的萌发、草莓的种植、扦插和嫁接、鸡蛋的孵化、小仓鼠的养殖观察日记
社会	农耕文化	我市农业发展历史、农具的变更历史
信息技术	互联网技术与自动化控制	远程观察、自动化控制、自动化模块语言编程
数学	编程与创造	3D打印浇水管道与浇水器设计
工程、艺术	设计与审美	DIY花瓶、插花艺术、花卉的摆放

设计思路：感知—拓展—内化。框架的主基调为认识与感知、实践与体验、感悟与内化。

实施形式：拓展活动课或渗透于学科教学过程中，或通过兴趣课、社团活动和"学科节"活动实施。结合基础学科，挖掘与"科创农场"课程的交集，立足交集开好研究课程，通过基础课程的拓展丰富完善"科创农场"课程。

实施保障：教务处出台《"1＋X"专题研究课程计划表》。

实施载体："1＋X"专题研究课程。

3. 与拓展课程相整合

开展基于传统课堂的主题式拓展课程学习，使学生掌握必要和基本的科学知识与技能,体验科学探究活动的过程与方法。

表 2-37 "科创农场"课程群拓展课程体系

课程领域	实施原则	实施年级	课程主题	学科
农业与灌溉	做到课程间的融会贯通、跨界实施,做到由浅入深,注重过程,便于实践	七年级上	了解农业与灌溉的关系,认识现代农业灌溉的方法,研究滴灌器出水量;动手制作滴管和喷灌运	数学科学技术
植物的一生		七年级下	了解植物的生长发育与繁殖;学会科学观察	科学劳技
温室设计与光能利用设计		七年级上	参与温室内部设计,实现高效利用光能,设计美观、便捷的框架	艺术工程技术
动植物养殖自动化与远程控制		七年级下	体验互联网技术在远程观察中的运用;体验技术对现代农业的影响	信息科学
农耕历史与工具演变		七年级上	本土种植历史;农具的科学原理	社会科学

4. 与探究课程进行整合

借助外聘专家与社团教师,引导学生开展基于科创实践的个性化研究,体验探究现代信息技术与自动化控制在植物种植中的运用,在花卉的培养过程中提升审美情趣,让学生在具体项目中自主实践"发现问题—研究问题—解决问题—再生问题"的学习过程。

表 2-38 探究型课程与"科创农场"课程群融合

实施时间	探究主题	学习方式
七年级上	校园种植园土壤分析	观察、体验、实验、合作学习
七年级上	湿度传感器的原理	观察、体验、探究、动手操作
七年级下	种子的萌发条件	实验、探究、观察记录
七年级下	3D 打印与浇水量	动手操作、观察、探究

四、课程群的实施路径

（一）立足综合性课程跨界实施整合联动

所谓综合性是指课程内容综合了课程本身与相应的其他学科,学生学习方式多样的课程。"科创农场"课程群立足于能有效整合其他课程的多元课程,将多个课程进行跨界贯通,从而实现各课程内容汇聚,成为相互关联有机结合的新体系,并以多元课程为核心开展教学实践。本课程群以现代化农场种植为主题,在农场种植课程的实施过程中,信息技术课承担自动化控制的教学实践,数学编程课程指导实现 3D 打印可调节水量滴灌器,工程和艺术课程负责大棚的结构设计与实施以及高效利用太阳光的温室内部支架设计,劳技制作课程完成温室大棚内部框架的搭建,社会课程对当地农耕文化的演变进行阐述,让学生领悟到现代农业的文化特点。

（二）立足核心项目的实施开展辐射联动

课程群的实施始终贯穿一条思想主线,那就是 STEAM 教育理念,整个过程围绕实现一个项目来开展学习,在任务的驱动下学生进行学习。为了完成一个项目,即建设"科创农场",为了达成科创在现代农业种植中的运用,为了完成"科创农场"的建设,学生必须先掌握基本的种植知识,了解日常生活中生物的基本情况和生活习性,有了科学基础知识的同时,还要领悟并掌握一些基本的科学技术手段的运用,如传感技术、远程控制、自动化、新能源、无土栽培等,在真实问题的引领下,促进学习,提升解决问题的能力。

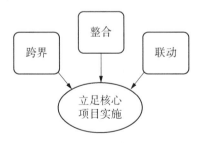

图 2-23　立足核心项目实施

五、"科创农场"课程群拓展课设计与实施

(一)"科创农场"课程群班级设置与实施方式

班级设置：一共四个班,分别是科 1 班、科 2 班、科 3 班、科 4 班,其中 1—3 班为"科创农场"实践课,科 4 班为数学运用与社会调查课,学生来自七年级各个班级。

班级授课形式：分理论知识学习和课外拓展运用,以小组为单位,项目化实施。

(二)"科创农场"课程群前三个班级每班实施的项目组

第一期项目组：内容包括土壤改良项目和大棚分区设计规划。

第二期项目组：内容包括种子萌发和育苗项目、草莓和番茄培育项目、无土栽培生菜项目。

第三期项目组：内容包括智能浇水设备组装、太阳能设备的运用和科创城大桥镇农业种植情况调查。

具体的项目实施课时安排和目标与达成度评价为：

第一期项目组的土壤改良项目,课时安排 1 节,实施时间 2 周。操作方法是,教师介绍土壤改良的方法和具体措施,提供准备用来制作绿肥的工具。学生中选拔认领人,确立土壤改良小组,利用 2 周时间实施绿肥收集和土壤腐殖质增加的操作,每天完成一部分,并建立实施日记,最后向班级汇报具体情况和实施结果,教师给予评价。

第一期项目组的大棚分区设计规划项目,课时安排 2 节,实施时间 2 周。操作方法是,教师将大棚区域分为三块,要求学生自主设计草莓种植区、无水栽培区域和番茄种植区域。选定区域后学生开始设计基础框架并自制花盆,教师统一购买一套无土栽培的装置,按照三个子项目将学生分成三个项目小组,选定小组负责人,负责记录实施的日记和小组讨论活动的结果。动员学校力量解决基本水的保障难题,保障有水可用。全天开放,小组轮值,安排学生和老师轮值中午和傍晚,确保大棚的安全。

第二期项目组的种子萌发和育苗项目,安排 2 课时,实施 2 周。操作方法是,基础设施完成后,班级学生分为三个小组实施种子的发芽研究和种植栽培研究,每一组对应大棚的一小块区域(大约占三分之一)。每人负责带一盆植物,草莓、番茄、黄瓜等,种植到对应的区域,开始一对一管理,并写种植日记。

第二期项目组的草莓和番茄培育项目,安排 3 课时,实施 3 周。操作方法是,学生

对自己种植的植物进行跟踪管理，施肥、浇水，记录成长情况。

第二期项目组的无土栽培生菜项目，计划4课时，实施4周。操作方法是，在其他几个项目基本落地后，老师介绍无土栽培技术，指导学生实施。学生自主配置营养液，轮流观察，最后形成成果。

第三期项目组的智能浇水设备组装，一周实施一节课，学生呈现焊接制作土壤湿度传感器自动浇水器的制作。太阳能设备的运用项目，通过小型太阳能电板的联接运用，满足夏天大棚内的浇水任务。科创城大桥镇农业种植情况调查，在期末用一节课的时间，教师指导学生设计调查问卷和问卷调查研究方法，交代学生利用假期和家长一起完成，需2课时，具体安排由社会老师来安排执行。

（三）"科创农场"科4班的项目安排与课程

第一期项目：学会3D打印花盆。

操作方法：学生利用四节课时间，在3D打印设备上打印好一定数量的花盆，设计好自己的标签。同时与前面三个班级进行小组对接，将打印好的花盆送到农场，并进行种植。

第二期项目：嘉兴农耕文化与当地农业种植问卷调查项目。

操作方法：教师介绍嘉兴市农耕历史，指导学生学会做调查问卷，用时三周。

第三期项目：研究性学习，参与前面三个班的种植过程，研究植物（对应种植的）温度、土壤、气温，书写研究报告。

表2-39 "科创农场"科4班的项目安排与课程表

项目期数	课程内容	班级	时间	教师
第一期	数学技术	科4	2	王
	3D打印	科4	3	王
	3D设计loge	科4	4	王
	打印花盆	科4	5	王
第二期	嘉兴农耕文化	科4	6	钱
	农业种植调查	科4	7	钱
	书写调查报告	科4	8	钱

项目期数	课程内容	班级	时间	教师
第三期	土壤研究学习	科 4	9—10	王、吴
	植物结构研究	科 4	11—12	王、吴
	气候对植物影响	科 4	13—15	王、吴

（四）教师教案形成

分工协作书写教案，最后汇集成册。

案例　2-/6　"创意机器人"课程方案

一、课程界定

"创意机器人"课程是一门涉及运动学、动力学、系统结构、传感技术、控制技术等多领域的交叉课程，其教学实施能促使学生整合科学、技术、数学领域的知识，以工程标准化的思想进行综合实践，具有较强的教育价值。近年来，随着基础教育新课程改革的不断深入实施，我国中小学机器人教育也有了较快发展，并成为中小学综合实践课程和技术课程的载体，其教育价值已获得社会认可。Arduino 是一块基于开放源代码的 USB 接口 Simple I/O 接口板，并且具有 IDE 集成开发环境。学生通过 Arduino 平台了解和掌握机器人的基本知识和技能，包括机器人机械部分、传感部分和控制部分的设计与搭建，以及在这个过程中需要运用的各种知识，可以培养学生良好的信息素养、创新精神和实践能力。

"创意机器人"属于"五向"课程中的"向真的学识"课程模组中的 STEAM 课程群，遵循 STEAM 科学、工程、技术、艺术、数学五位一体的理念。学生在运用 Arduino 平台进行机器人创造开发的时候，能把学习到的零碎知识与机械工程转变成一个探究世界相互联系的不同侧面，从而在杂乱无章的学习情境中获得设计能力、合作能力、问题解决能力和实践创新能力的提升。

二、 课程的设计思路

"创意机器人"遵循科学、技术、工程、数学、艺术五位一体的理念,课程着力体现以下特性:

第一,科学性。 "创意机器人"是一门交叉了多门学科的综合性课程,涉及许多基础学科,包括数学、物理、计算机、化学、生物、多媒体等,它是以多种学科的基础理论作为前提的。

第二,实践性。 "创意机器人"具有很强的实践性,学生在学习该课程的时候必须参与到机器人设计制作的过程中来,这一实践过程也使得学生的学习变得生动有趣。

第三,综合性。 在"创意机器人"的学习过程中仅仅拥有物理、生物、化学等基础知识是远远不够的,它要求学生人为地对多门学科知识进行综合创造,在创造发明的基础上,综合运用多学科知识,做成满意的作品。

第四,创造性。 "创意机器人"后期学习的关键在于学生思维的创造性开发。"创意机器人"基于学科理论,立足于实际生活,通过技术思想以及 Arduino 平台的运用解决现实生活中的实际问题,为学生细心生活、发挥创造性提供了宽广的舞台。

课程设计基于以下基本理念:

一是以 STEAM 为理念,培养学生全面发展。 STEAM 教育作为后设学科,以与其他学科融合成一个新整体为基础。在"创意机器人"教育中融入 STEAM 理念不仅可以培养学生的 STEAM 素养,还可以帮助学生在杂乱无章的学习情境中获得设计能力、合作能力、问题解决能力和实践创新能力的提升。

二是注重学生创造能力的培养,加强学生的实践能力。 "创意机器人"的学习不是教条式的课本知识的灌输,而是需要学生参与到课堂中来,通过发现生活中的问题,提出解决问题的创造性想法,再运用 Arduino 平台进行机器人制作以解决实际问题。这一系列的活动都需要学生参与其中并主动实践。

三是通过教学项目的聚类设计,提高学生的学习效率。 聚类设计指依据某种线索组合一系列项目,形成具有内在联系、具有螺旋上升和发散结构的教学单元,循序渐进地开展项目化教学。聚类化教学项目的开发以创造能力的培养为导向,以基于项目的学习为模式,以学科内容的整合为核心,以某种聚类方式为主线,从而提高学生的学习效率。

三、 课程目标

(一) 素养目标综述

"创意机器人"课程针对初中学生,着力培养的是学生的科学精神。总目标是提高学生的创新能力、综合设计能力和动手实践能力,进而培养和提升学生的科学素养,强调学生在直接经验和亲身经历的基础上,通过学习、理解、运用科学知识和技能等活动形成价值标准、思维方式和行为表现,包括理性思维、批判质疑、勇于探究等。

(二) 学段素养目标

表 2-40 学段素养目标

	素养目标分解	课程内容具 化	质量评测标准
七年级	培养初步的理性思维	智能 LED	崇尚真知,尊重事实,逻辑清晰
八年级	培养初步的批判质疑精神	智能风扇	具有问题意识,能独立思考,思维缜密

四、 课程内容

在基础教育领域,机器人可以与信息技术课程进行整合,也可以与通用技术课程整合,还可以与物理、数学、生物等相关课程进行整合,以 Arduino 为平台的机器人课程教学需要搭建硬件、检测与控制电路,然后编写控制程序烧录代码,从而控制机器人的各种动作和行为。本课程主要涉及的教学项目有智能 LED、智能风扇等,分为两单元 14 课,具体的课程内容主要为:

第一单元：智能 LED。包括"点亮 LED、按钮控制的 LED、创意 LED"三个专题,主要是 Arduino 的基础知识。

◆ 智能 LED

第 1 课　走进 Arduino 的世界

第 2 课　闪烁 LED

第 3 课　按钮控制的 LED

第 4 课　聪明的按钮

第 5 课　呼吸灯

第 6 课　光控 LED

第 7 课　LED 综合创意

第二单元：智能风扇。包括"智能风扇、变速风扇、创意风扇"三个专题,主要是 Arduino 基础知识的强化与深入。

◆ 智能风扇

第 1 课　声控风扇

第 2 课　换挡风扇

第 3 课　自动变速风扇

第 4 课　遥控风扇

第 5 课　摇头风扇

第 6 课　自动跟踪风扇

第 7 课　风扇综合创意

五、课程质量评价标准

根据课程的性质特征,评价应重参与、重过程,强调评价主体的多元化,教学内容的综合性和全面性,评价标准的合理性,以及评价方法、手段的多样性。为此,要遵循以下原则:

第一,参与性原则。 注重学生在课堂的参与性以及与其他同学的合作,适时提供相应的参与性评价表记录学生的参与活动。

第二，综合性原则。 评价的内容不能片面，要综合考虑学生的各科知识基础，学生对Arduino创意机器人基础知识的学习以及学生在综合运用各个知识解决实际问题的能力。

第三，激励性原则。 对于中学生而言，Arduino创意机器人是比较新奇的知识，在过了刚刚开始的新鲜感以后，会遇到各种各样的问题，这个时候教师需要通过激励性的评价，为学生的好奇心保鲜，同时鼓励他们发挥自己的长处，大胆尝试，创作出满意的作品，提高创新能力以及实践能力。

"创意机器人"课程中设计的任务主要以实验操作为主。课程评价以作品评价法为主，作品可以是半成品也可以是成品，根据学生的实际情况来定，但是必须给出设计方案。最终成绩按照"平时作业（30%）+ 最终作品（40%）+ 考勤（30%）"公式给出成绩。平时作业和最终作品的评价量规见表2-41。

表2-41 作业和最终作品的评价量规

作品名称			小组成员	
评估指标	等级			分数
	A	B	C	
机器人知识和技术（15分）	基本了解机器人的概念、工作原理以及传感器的作用（0—8分）	理解机器人的概念、工作原理以及传感器的作用（9—12分）	掌握并能应用机器人的知识和技术（13—15分）	
跨学科的知识（15分）	了解了与机器人学科相关的其他学科知识（0—8分）	掌握了学科知识，但不能将机器人和其他学科联系起来（9—12分）	能将其他学科的知识和机器人学科联系起来（13—15分）	
创新能力（20分）	只能按部就班地完成分配的任务（0—11分）	能够设计出比较有创意的作品，但未能实现（12—16分）	能够设计并实现比较有创意的作品（17—20分）	
程序设计（15分）	只会按照范例编写简单程序（0—8分）	能编写和调试程序（9—12分）	能编写、调试和优化程序（13—15分）	

续表

作品名称			小组成员	
评估指标	等级			分数
	A	B	C	
动手实践能力（20分）	连接松散、连线无序（0—11分）	连接牢固、连线有序，完成部分任务（12—16分）	连接牢固、连线有序，整体合理巧妙，完成全部任务（17—20分）	
实用性（15分）	没有体现实用价值（0—8分）	有一定的实用价值（9—12分）	有较高的实用价值（13—15分）	
作品总分				

学生作品中必须包含作品名称、功能简介、设计意图、程序代码、结构图、创新点等内容。如果是成品，还要拍摄相应的视频（制作视频和演示视频）。

六、课程实施建议

教学有法但是教无定法，教师在课堂中应该超越教学设计的预设，激发课堂的生机与活力，但是在上课之前，教师要做的则是认真做好教学设计，只有准备充足了，才可以运用自如，使得课堂生动有趣。在教学设计方面，教师可能要考虑到以下几点内容：

1. 教学内容应在符合学生认知水平的基础上力求充实

在做教学设计的时候要充分考虑到学生的原有知识水平，Arduino创意机器人的教学是以学生原有的基础学科的知识作为前提的，所以对学生原有知识的考查至关重要。教学内容的设计也是在考虑到学生原有水平的基础上进行的，还要注意其与时代、生活的紧密联系，这样的内容才能既激发学生兴趣，又有实际意义。

2. 教学思路应在符合学生认知规律的基础上力求清晰

教学内容是有先后次序的，上下位知识的学习如果打断得比较离谱，学生的学习效果必然是不好的。即使要打破教学陈规，教师的心中也要有一条教学的主线。解决实际问题的 Arduino 创意机器人设计实践要有哪些基础知识作为支撑，哪些是需要教师提供教学支架的，这些都需要教师在心里有清晰的认识。

3. 教学策略及教学方法应力求激发学生兴趣、挖掘学生创造能力

对于 Arduino 创意机器人的知识教学运用怎样的教学方法，学生学起来不会感到枯燥无味，对于实践性较强的机器人创造运用什么方法能有效发挥学生的特长以及创造性，怎样的教学策略能够激发学生的学习兴趣，怎样的教学策略能够维护课堂秩序使得教学顺利进行，这些都是需要教师在教学设计时就做详细考虑的。

4. 对教学实施过程中的突发情况进行预测并合理调整

在把握"创意机器人"课堂的基础上，灵活调整教学策略，改变教学方式，根据课堂的教学实际把一些突发事件转化为比较流畅、生动的教学环节，也是一门伟大的教学艺术，需要课程教学教师深入体会、不断习得。

5. 总结教学工作中的经验与教训，多与同行交流心得

教师在日常教学工作中，注意积累与教学相关的资源，养成记录教学日记的良好习惯，同时利用网络多与同行进行交流。Arduino 创意机器人在国内的教学还比较少，但是只要认真寻找，还是有很多同样热衷于 Arduino 创意机器人教学研究的同行存在的，并且，随着机器人教育的普及，相信会有更多的教师去研究，挖掘 Arduino 创意机器人教学的价值。

四、"五向"课程的整体设计

结合学校实际和学生发展的需要，对部分基础性课程的内容进行改造，如：科学和数学学科每周拿出一节课，用于分层走班，确保学生个性发展的需要；对初中体育课校本化改造，2 节用于基础教学，1 节用于个性发展，分为足球、羽毛球、篮球、排球四类选课类别，进行合班教学，分类走班。依据学生发展核心素养和本校学情，适当对国家基础课程进行校本化改造，实施贯通课程、分层课程、分类课程，尝试整合艺术、体育、技术必修课，实施分类选项教学。同时，充分尊重学生的需要和意愿，切实考虑本校教师的业余爱好和特长。我校中小学分别开发了以"五向"为目标的拓展课课程群，拓展课程的内容紧紧围绕"五向素养"的培养。

表2-42 小学部"五向"课程设置表

五大课程模组 \ 类别	基础课程		拓展课程				
	基础学科课程	基础学科校本改造课程	学科主题课程	拓展课程群	拓展课程项目	普修	选修
"向美的身心"模组	重点在体育、音乐、美术学科		"全民运动会"主题课程	健美运动课程群	健美律动	普修	
					趣味运动	普修	
					快乐足球		选修
					武术、跆拳道、啦啦操、羽毛球、篮球、围棋、中国象棋……		选修
			艺术节主题课程	"美之声"课程群	童声乐团		选修
					东师鼓号		选修
					玩转小乐器		选修
				"童心美术"课程群	童画色彩		选修
					童趣速写		选修
					都市水墨		选修
					意象彩墨		选修
					"五向"习惯课程	普修	
					性格心理课程		选修
"向善的品格"模组	重点在道德与法治、品德与社会学科	"舌尖上的AR"系列：低年级"饮食合理卫生"、中年级"饮食安全预警"、高年级"饮食调查研究"	"红船精神"体验主题课程	"红船精神"体验课程群	红船探访活动	普修	
					船文化探创	普修	
					东师少年红船讲坛		选修
				"成长之旅"课程群	走读嘉兴活动	普修	
					亲子共成长（大手拉小手）		选修
					传统节日实践活动	普修	
			"探秘水世界"主题课程	"探秘水世界"课程群	"知水"课程	普修	
					"乐水"课程		
					"护水"课程		

续表

类别 五大课程模组	基础课程		拓展课程				
	基础学科课程	基础学科校本改造课程	学科主题课程	拓展课程群	拓展课程项目	普修	选修
"向上的学力"模组	所有学科			手帐规划式学习			选修
				思维导图式学习		普修	
				PBL项目式学习		普修	
"向真的学识"模组	所有学科	数学学科：快乐数学	少儿国际语言文化"花语"主题课程	少儿国际语言文化"花语"课程群	"君子兰礼仪"课程	普修	
					"迎春花故事"课程		选修
					"喇叭花主持"课程		选修
					"满天星评论"课程		选修
					"勿忘我交往"课程	普修	
			文·雅阅读主题课程		文·雅阅读课程	普修	
				数学创客课程群	一年级数学绘本		选修
					二年级数学游戏		选修
					三年级数学玩具		选修
					四年级数学魔术		选修
					五年级数学实验		选修
					六年级数学编码		选修
			"年味国学"主题课程	儿童国学创意学习课程群	硬笔书法临创	普修	
					毛笔书法临创		选修
					国学经典学创	普修	
"向新的行动"模组	重点在综合实践、信息技术、科学学科	科学学科：物质科学（一、二年级）、生命科学（三、四年级）、宇宙科学（五、六年级）	科技创新主题课程	工艺创新课程群	一、二年级创意指印画课程		选修
					三、四年级布艺创作课程		选修
					五、六年级"蕙兰时尚"编织课程		选修

续表

五大课程模组	类别 基础课程		拓展课程					
	基础学科课程	基础学科校本改造课程	学科主题课程	拓展课程群	拓展课程项目	普修	选修
				科技创新课程群	无线运动课程		选修
					趣味科学课程		选修
					科技环保课程（垃圾分类）		选修
				信息化创新课程	趣味编程课程		选修
					人工智能课程		选修
					3D打印课程		选修

表2-43 小学部课程设置、课时安排以及学年总课时表

课程模组		一年级	二年级	三年级	四年级	五年级	六年级	总课时	省要求	备注
	总课时	8	8	7	7	7	7	1540	约1530	35周计算
向美的身心	体育与健康	3	3	2	2	2	2	700	约700	基础性课程
	体育与健康拓展（趣味运动）	1	1	1	1	1	1			拓展性课程
	音乐	2	2	2	2	2	2	840	约830	基础性课程
	美术	2	2	2	2	2	2			基础性课程
向善的品格	总课时	2	2	2	2	2	2	420	约430	35周计算
	道德与法治	2	2	1	1	1	1	420	约430	基础性课程
	道德与法治拓展（舌尖上的AR）	0	0	1	1	1	1			1/2拓展

续表

课程模组		一年级	二年级	三年级	四年级	五年级	六年级	总课时	省要求	备注
向上的学力		融合在各门学科中								
向真的学识	总课时	13	13	16	16	16	16	3 150	约 3 150	35 周计算
	数学	4	4	4	4	4	4	840	约 840	基础性课程
	科学	1	1	2	2	3	3	420	约 420	基础性课程
	语文	7	7	6	6	5	5	1 470	约 1 540	基础性课程
	语文拓展（花语课程）	1	1	1	1	1	1			1/2 拓展
	英语	0	0	3	3	3	3	420	约 350	基础性课程
向新的行动	综合实践活动 总课时	3	3	5	5	5	5	910	约 980	35 周计算
	综合实践活动 信息劳技＋地方校本	1	1	3	3	3	3	910	约 980	基础性课程
	综合实践活动 校本课程（拓展课程普修＋选修）	2	2	2	2	2	2			拓展性课程
合计课时			26	26	30	30	30	30	6 020	6 090

每周一、二年级基础性课程 22.5 课时,拓展性课程 3.5 课时;每周三至六年级基础性课程 26 课时,拓展性课程 4 课时。总课时按每学年 35 周计算。

"走遍嘉兴"社会实践活动 1 天,春游采风 1 天,"探秘水世界"1 天,"全民运动会"2 天,"达标运动会"1 天,"快乐数学节"1 天,艺术节文艺汇演 1 天,"年味国学"1 天,"花语"课程 1 天,"红船精神"体验课程 2 天。每天以 6 课时计算,约 72 课时。综合实践活动共 982(910＋72)课时。

表 2-44 初中部"五向"课程设置表

类别 课程 模组	基础课程		拓展课程				
	基础课程	基础学科校本改造课程	学科主题课程	拓展性课程群	拓展性课程项目	普修	选修
"向美的身心"模组	重点在体育、音乐、美术学科	排笛演奏课程	艺术节课程	艺术修养类	素描基础	普修	
					硬笔书法	普修	
					戏剧入门		选修
					阿卡贝拉		选修
					英文歌曲赏析		选修
		体育分类课程	"全民运动会"主题课程、"趣味运动会"主题课程	体育技能类	体育舞蹈		选修
					足球基础和入门	普修	
					篮球基础和入门	普修	
					乒乓球提高班		选修
					羽毛球提高班		选修
					田径专业训练	普修	
			新生训练营实践课程；"走遍嘉兴"实践课程；"快乐游学"实践课程	grit坚毅塑型	军营体验	普修	
					走遍嘉兴	普修	
					快乐游学		选修
			五向好习惯养成	习惯养成	习惯养成	普修	
"向善的品格"模组	重点在道德与法治、历史与社会学科等	时事新闻课程	"红船精神"体验实践课程；徒步祭扫革命烈士园林实践课程	嘉兴印象	故乡风俗		选修
					故土风貌		选修
					禾城人物		选修
					南湖情怀("红船精神"体验课程)	普修	

续表

类别 / 课程模组	基础课程		拓展课程				
	基础课程	基础学科校本改造课程	学科主题课程	拓展性课程群	拓展性课程项目	普修	选修
"向上的学力"模组	所有学科	演讲辩论课程	"学霸"谈学法分享课程；通识性学法指导课程；教研员学法指导课程	BOYD 学法指导系列课程	分层学法指导微课	普修	
					通识性学法指导	普修	
					个性化学法诊断	普修	
					"学霸"谈学法	普修	
			科学专业俗语素养课程；英文词汇课程；"数独达人"课程	思维实验室	CE 综合素养培养		选修
					MS 思维实验室 1		选修
					MS 思维实验室 2		选修
"向真的学识"模组	所有学科		学科文化节课程	湖山文化	湖一山主持		选修
					湖一山聚焦		选修
					湖一山有约		选修
			学科文化节课程	学科拓展营	英语 T·S·A		选修
					名著品析		选修
					探索试题密码		选修
"向新的行动"模组	重点在综合实践、信息技术、科学学科	STEAM 课程	科技创新节课程	科技农场	我的实验园		选修
					创意种植园		选修
					农场玩控制		选修
				科创中心	数字化农场		选修
					3D 打印创作		选修
					创意机器人		选修
				巧匠工作坊	易拉罐 DIY		选修
					旧报纸 DIY		选修

表 2-45　初中部课程设置、课时安排以及学年总课时表

课程群		七年级	八年级	九年级	学年总课时	省要求	备注
向美的身心	总课时	7	7	7	735	约 520	35 周计算
	体育	3	3	3	420	约 310	基础课程
	体育拓展	1	1	1			拓展课程
	音乐	1	1	1	315	约 210	基础课程
	美术	1	1	1			基础课程
	艺术拓展	1	1	1			拓展课程
向善的品格	总课时	5	5	5	525	约 525	35 周计算
	道德与法治	2	2	2	525	约 525	1/2 拓展课程
	历史与社会	3	3	3			1/3 拓展课程
向上的学力	贯穿在各个年级和所有课程的学习过程中的学法指导课程以及学科类活动						
向真的学识	总课时	18	18	18	1850	约 1865	35 周计算
	数学	5	4	4	450	约 450	1/4 拓展性课程
	科学	4	5	5	480	约 480	1/4 拓展性课程
	语文	5	5	5	510	约 525	1/5 拓展性课程
	英语	4	4	4	410	约 410	1/4 拓展性课程
向新的行动	总课时	4	4	4	420	约 420	35 周计算
	综合实践活动（含劳技）	1	1	1	420	约 420	拓展性课程
	信息技术	2	2	2			
	研究性学习	1	1	1			
合计		34	34	34	3 530	3 330	

每周七、八、九年级基础性课程 28 课时,拓展性课程 6 课时,总课时按每学年 35 周计算。

"走遍嘉兴"社会实践活动 1 天,春游采风 1 天,节日活动(清明、端午、国庆、禁毒日)3 天,"全民运动会"2 天,艺术节文艺汇演 1 天,"红船精神"体验课程 2 天。每天以 7 课时计算,约 210 课时。综合实践活动共 630(420+210)课时。

第三章

从壁垒走向跨界： 学校课程实施的推进

如果没有跨界思维，课程实施的效果就不可能达到理想的境界。跨界是"五向"课程实施的新样态，包括跨学科疆界的"五自"项目化学习、跨课堂间界的 BYOD 精准教学、跨学段边界的"立体化"贯通式学习。

我们认为，基于核心素养的课程建设必然是跨界的，而非壁垒的。课程实施应该充分考虑到学生的成长规律、教学规律和未来世界对人才的需求，而不是过分追求学科体系、学段体系和教学空间自身的纯粹和完备。如果没有跨界思维，课程实施的效果就不可能达到理想的境界和样态。跨界是"五向"课程实施的新样态，包括跨学科疆界的"五自"项目化学习、跨课堂间界的BYOD精准教学、跨学段边界的"立体化"贯通式学习。

一、 跨学科疆界的"五自"项目化学习

"五自"项目化学习系统的构建与导引是为了破解当下PBL项目式学习中存在的学生主体缺失问题。以学生全程参与为核心，以真实项目问题的自选、自组、自探以及相关成果的自创、自媒等为主线展开的"五自"项目化学习整体改革，其研究主要包括小学"五自"项目化学习系统构建和学习要略创新两大方面。"五自"项目化学习是以真实问题为中心，以学生为主体的学习方式，变"学答的教学"为"学问的探索"，有助于改变传统课堂教学与实践应用的脱节，可为学生创新能力、自主学习能力、实践操作能力、合作能力、交流能力的发展提供新的无限可能。

从内容上来说，"五自"即自选、自组、自探、自创、自媒。"自选"指项目组成员自发、自由、自主地选择想要解决的核心问题。"自组"指从项目小组的成立到项目方案的确立都由学生自发组织、自主完成。"自探"的理念尊重探索过程中学生的自主能动性，为了达成这一目标，我们设计了研究法选用助探、行动图示法助探、多技术运用助探三种助探方法。"自创"是为了培养学生的创新意识、创新思维、创新能力及创新个性而提出的，我们期望在创造性地解决问题、个性化地表现作品、智慧化地设计未来的过程中看到学生的创意。"自媒"指学生自发地分享与传播个性化的学习成果，主要有自选现有媒体发表、自主开发新媒体传达两条路径。

(一) 自选——唤醒生活需要的跨学科选题衍生

"自选"指项目组成员自发、自由、自主地选择想要解决的核心问题。为了充分发挥学生的自主能动性，我们设计了以下策略助力学生自选研究项目主题。

　　第一，热词报告会助力选题。热词，是指反映热点的词汇，反映了一个国家、一个地区、一个单位在一个时期人们普遍关注的问题和事物。在知识爆炸、资讯全球化的今天，各式各样的新词层出不穷。引导学生通过网络搜集、生活采风等办法，网罗、筛选热词，并在校内、班内或组内举行热词报告会，这有助于学生置身特定时空积极思考，并结合自身经验，提出具有时代感的项目学习选题。

　　第二，主题式阅读催生选题。最有效的阅读是带着项目去研究的阅读，本项目研究将结合我校阅读特色进行。可以围绕"我与自然"成长阅读、"探秘水世界"博览阅读、"传统节日"人文阅读、"红韵经典"典藏阅读等阅读主题，引导学生根据实际阅读，大胆提问，催生选题。

　　第三，跨学科学习衍生选题。在当今社会发展日益复杂化、科学技术发展方式高度综合化的背景下，各学科之间的界限变得越来越模糊，不同学科之间的联系也日益紧密，人们在发现并解决某一个问题时所需要的跨学科、跨领域的知识越来越多。在自选阶段，我们将提供各学科资源的有效支持，引导学生发现不同学科之间的互涉性和关联性，从而在拥有综合性的知识体系和跨学科的思维方式的基础上提出问题，衍生选题。

　　第四，节假日活动给力选题。在人类长期的生产实践中，产生了许多传统节日，这些节日虽然形式不同、主题各异，但其中凝结的人与自然、人与社会、人与人的和谐的核心价值观一脉相承。作为文化教育的新载体、新课题，节假日教育成为传统文化素材的重要来源，也是学生获取知识、产生项目化学习选题的另一个来源。为此，我们可以结合节假日实践活动单，引导学生走向生活，创生有生活气息的好选题。

（二）自组——激活学习兴趣的跨班级研究小组建构

　　"自组"指从项目小组的成立到项目方案的确立都由学生自发组织、自主完成。具体来看，学生在项目式学习中的"自组"主要体现在四个环节中。

　　一是项目小组成立。项目式学习主张学生通过一定时长的小组合作方式解决问题，因此，项目小组的成立是必不可缺的初始环节。项目小组的成立可以是以共同兴趣为导向，也可以各自特长为依据，或是以性格契合度为指针，学生自主选择以何种方式"招兵买马"。当然，这之后要决定的成员人数、职责分工也由学生自主完成，充分尊重学生,体现以生为本。

这里要提出的是,考虑到学生在组内活动的频率、组织的机会、发言的次数等因素,教师可以对项目组人数做建议,最好是 5—7 人,即标准 40 人班级分为 6 组,便于项目组内讨论、活动、发言。如果组内人数太少(或组数太多),则相对任务量较大,压力也大;如果组内人数太多(或组数太少),则个别学生容易"犯懒"。

二是方案初稿撰写。传统教育教学中活动方案的撰写大多由教师制定,设计意图、活动目标、活动内容和形式等也由教师安排,结果制约了学生的具体研究,即使是真做出成果来了,学生也只是完成了教师制定的学习任务而已,并非是他们所需要获取的东西。因此,我们将设计和撰写方案初稿的权利交给学生,让他们根据自己的兴趣和能力自主地撰写方案初稿,虽然这样的初稿比较稚拙,却能发展学生的规划能力、设计能力和构想能力。

三是多元审辨论证。审辨式思维是"为了决定相信什么或者做什么而进行的合理的、反省的思维"。在已有活动方案初稿的基础上,我们鼓励学生自主调动已有的文化知识、科学经验,运用逻辑和辩证的方法,谨慎地对小组已有的想法和决策进行质疑、讨论、优化,从而找到符合小组实际的更好的观念,推进知识的进步,做出合理的行动和选择。

四是项目方案确立。当过程清楚后,最后的项目方案确立这一步至关重要。学生需要在这一环节对所要研究的问题进行清楚的阐述,并勾画出小组学习目标;要对所要研究的特定的问题进行目标设定,每个目标任务要分配给每个小组成员;要对整个研究过程进行描述,描述可以文章段落分步概述或其他形式展现。

(三) 自探——激发自主能动的跨时空闲暇自主研究

"自探"的理念尊重探索过程中学生的自主能动性和学习方式、探究方式的多样性,试图在实际的体验化活动中真正培养学生解决问题所需要的关键能力。为了达成这一目标,我们设计了以下三种助探方法。

一是研究法选用助探。在参考国内外学者对研究方法分类的基础上,本研究将研究方法分为思辨研究和实证研究两大类。学生可以通过自学和邀请教师做项目研究方法报告会的办法,学会选择适合自己项目的研究法,从而助力其更好探究。

二是行动图示法助探。图示法是指由图形、图表、符号、数字和文字构成的图示方式，是将知识、概念体系、现象或本质特征揭示出来的一种视觉化思维方法，其包括圆圈图（头脑风暴）、气泡图（描述）、树形图（分类）、括号图（拆分）、流程图（顺序）、桥型图（类比）等。这种方法可帮助学生简单明了地掌握问题的前因后果，灵活地归类和梳理完整的知识结构，从而顺利地完成探索。其条理性和系统性的特点也使得知识的记忆和巩固更具成效。

三是多技术运用助探。传统和现代的多种技术的介入和辅助，能满足学生在解决问题过程中收集信息的需要、交流与合作的需要、实践操作的需要等。

（四）自创——引发个性创意的问题解决和作品表现

随着知识经济的蓬勃发展与不断推进，国际间综合国力的竞争越来越指向创新。创新作为素质教育的核心，也成为基础教育改革发展的焦点和核心。"自创"就是为了培养学生的创新意识、创新思维、创新能力及创新个性而提出的。我们期望在创造性地解决问题、个性化地表现作品、智慧化地设计未来的过程中看到来自学生的创意。当然，这种创意可以是独创的，也可以是众创的。

第一，创造性地解决问题。创造性地解决问题是以问题解决过程为基础，强调学生在选择或执行解决方案之前，能运用发散思维尽可能提出多样的解决方案，创新地产生大量的变通办法，之后再以聚合性的思维理性地选择最适合的解决方法，由此来提升学生的创造力及问题解决能力。项目学习的最后，将由学生以适当的形式来陈述或展示自己小组对解决问题的建议、推论或其他的解决办法、新的发现等，当然在这个过程中最好准备好充分的证明材料，以支持说明自己的观点、方案等。

第二，个性化地表现作品。项目式学习主要是为了解决学生在现实生活中遇到的不同类型的问题与困难，学生不仅可以采用研究报告、论文等形式表述自己的成果，同时也可以通过科技、美术、音乐、文学以及综合化作品的方式加以展现。

第三，智慧化地设计未来。项目化研究的学习，除了解决现有问题之外，还可以是为了创造更加美好的当下、未来生活。为此，设计当下、未来的项目学习，有助于培育学生洞见未来、创造未来的能力。

(五) 自媒——洋溢研究激情的个性化分享传播学习

"自媒"指学生自发地分享与传播个性化的学习成果,主要有自选现有媒体发表、自主开发新媒体传达两条路径。

第一,自选现有媒体发表。借助信息技术,学生可以充分发挥自己的创造才能,以各种形式展现自己的学习结果。当然这里的结果不完全是问题的解决答案,而可以是一份解决方案、提议、图纸等。以传统的方式进行交流、展示,极大地影响了反馈的辐射面和效率,而借助网络、电子邮件、在线课件、录音视频等现有方式,学生可以将成果同时展现给多个人看,这无疑促进了学习的效率、效果。

第二,自主开发新媒体传达。随着自媒体平台的发展,各类自媒体平台雨后春笋般展现在大家眼前,以报纸、杂志、广播、电视为代表的传统媒体,正面临着新媒体、自媒体越来越多的冲击。除了教师提供的现有媒体以外,学生可以根据既有经验和丰富的想象,创造性地使用博客、微博、微信、论坛等新媒体,以"传统＋""新媒体＋"等多元创新融合方式,展现自己的无限创造力。

"五自"项目化学习系统适中"自选"是基础、"自组"是前提、"自探"是根本、"自创"是核心、"自媒"是发展。"五自"环环相扣,缺一不可。

"五自"项目化学习系统对学生而言是一个快乐的源泉。在这里,学生可以尽情地释放天性、施展个性、发展社会性,在玩中学,在学中玩。

案例 3-1 "校园小导游"的项目化学习案例

一、项目简介

(一) 项目概况

本项目首先是基于原人教版教材本身的安排,四上第五单元习作要求学生撰写导游词,并进行模拟讲解;第二是为了让学生进一步了解校园环境,探索校园文化,激发热爱校园的情感;第三是为了提高学生的表达自信和表达能力。于是,我们在四年级策划了"校园小导游"的项目化学习。

（二）项目涉及的年级及学科

重点在四年级学生中实施，主要涉及语文学科。

二、项目设计

（一）背景分析

校长刘学兵博士对学校发展的顶层设计《基于核心素养的"五向"课程建构与实践》，包含蕴含"向美的身心、向善的品格、向上的学力、向真的学识、向新的行动"的"五向"课程。其中"向新的行动"，包括质疑、合作、表达、实践，这是学校结合中国学生核心素养的校本理解。学校把培养学生的表达能力作为一项重要的素养来抓。

语文课程标准总目标第 9 条明确指出："具有日常口语交际的基本能力，学会倾听、表达与交流，初步学会运用口头语言文明地进行人际沟通和社会交往。"在如今的社会中，没有交往能力的孩子寸步难行。培养孩子的表达能力、交际能力，是着眼于孩子未来的发展，为孩子的终身发展服务。通过学校的培养，学生走出校门时能具备在大众面前表达的能力，在不同的场合交往的能力。

本次习作是指导学生撰写导游词，引导学生把课文中的语言和收集到的资料中的语言，转化为自己的实用的语言。说和写结合起来，写好后可以安排导游讲解模拟，给学生创设表达的机会。

（二）现状分析

1. 学生面向大众的表达能力较弱

在日常教学中，我们会发现一种现象，当学生面向大众的时候，表达能力相对较弱。通过调研了解分析，发现主要有两个原因。一是表达方式单一。回想平时的课堂，孩子举手回答，都是以站在位置上为主，这样的方式使他们面对的只有老师一人，一旦让他们面对全班同学甚至更多的人，就显得胆怯、无所适从了。二是缺少锻炼机会。各学校都会组织各类比赛、活动，但能参加的仅有几个孩子，出现严重的两极分化现象，更多的孩子六年下来可能还没有机会。

亚利桑那大学的一位教授说："不论我怎么鼓励我的中国学生，他们就是不说话！在我的课上，最安静的一群人肯定是中国学生。"如果我们不改变教学观，这种可怕的现象还会继续持续下去。

2. 学校地大物博

我们学校是九年一贯制，占地面积 85000 平方米，建筑面积 58045 平方米，小学生对自己的活动区域是熟悉的，但校园内还有很多地方他们是不了解的。我们需要为学生提供进一步探索校园的机会。

3. 学校活动丰富

我们学校不仅校园环境优美，而且活动丰富，接待参观团比较频繁。

根据以上分析，学校在一至六年级中开设少儿"花语"课程，而四年级又安排了"校园小导游"的项目化学习，以此为契机，让学生撰写校园导游词，选拔校园小导游，让学生敢于讲，愿意讲，了解校园的同时提高面向大众的表达能力。

（三）驱动性问题

围绕项目驱动性问题"如何做好'校园小导游'"，学校设立了四个子问题：选择"校园小导游"讲解的内容，如何撰写导游词，如何做好"校园小导游"，如何策划一场"校园小导游"选拔活动。

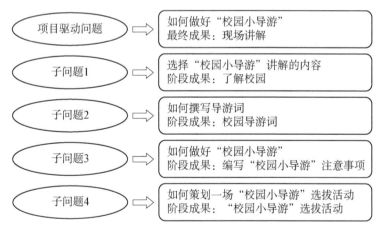

图 3-1　驱动性问题设置图

（四）学习目标

1. 学习总目标

增强学生对校园文化的认识理解，让学生在探究校园的活动中激发热爱校园的情感，增强学生认识校园文化、理解校园文化的积极性；培养学生合作、探究的能力，提高学生检索信息及处理信息的能力；培养学生良好的表达和沟通能力，提高学生的习作能力。

2. 学习分目标

表3-1　学习分目标表

子问题	学习分目标
1. 选择"校园小导游"讲解的内容	培养学生合作、探究能力，增强学生对校园文化的认识理解，让学生在探究校园的活动中，激发热爱校园的情感，增强学生认识校园文化、理解校园文化的积极性。
2. 如何撰写导游词	培养学生合作、探究的能力，搜集和处理信息的能力；提高学生的表达和习作能力。
3. 如何做好"校园小导游"	激发学生表达的自信，让他们敢于表达，提高表达能力。
4. 如何策划一场"校园小导游"选拔活动	培养学生对活动的策划能力和团队的合作意识。

三、 项目实施

(一) 项目实施流程

整个项目实施的流程，如图3-2所示。首先让学生了解校园并选择校园小导游的讲解内容；然后让学生撰写校园导游词，教师指导、同伴互改导游词；之后各班组织班级内选拔（到各个现场介绍），并且做好推荐工作；最后一轮在学校大报告厅进行校级选拔，评选出优秀"校园小导游"。

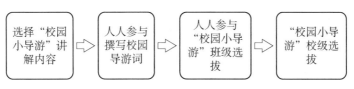

图3-2　项目实施流程图

（二）项目实施的具体步骤

表 3-2　项目实施步骤

子问题	设计此问题的理由	具体步骤
1. 选择"校园小导游"讲解的内容	学校地大物博、活动丰富。希望学生能够全方位地了解学校，并且自主决定讲解的内容。	第一步：老师带领全班学生参观校园，与学生一起回忆梳理本学期的活动。 第二步：学生写出自己最想了解的内容以及最想介绍给他人的内容。 第三步：介绍相同内容的学生组成合作小组，每个组有 3—6 人。
2. 如何撰写导游词	原人教版四上第五单元的习作是撰写导游词，所以合二为一。	第一步：学生小组合作，通过信息检索了解导游词的写法。 第二步：全班交流，形成共识。 第三步：撰写导游词。 第四步：在教师的指导下，组内成员互相评价修改导游词。
3. 如何做好"校园小导游"	从书面表达到口语表达，让学生在实践中学会表达。	第一步：学生小组合作，通过信息检索，梳理做好讲解员的关键及注意事项，制定评价标准。 第二步：确定班级选拔时间，学生各自准备。可以独立参赛，可以合作参赛。 第三步：组织全班学生进行现场介绍（学生选择了哪个点，就到这个点去解说），其他同学都是评委。
4. 如何策划一场"校园小导游"选拔活动	班级选拔，人人参与解说，人人都是评委。但整个年级有六个班，需要规划合适的选拔形式。	第一步：学生以小组合作的方式，根据问题去策划。 第二步：各小组汇报自己的策划，其他组员可以提出质疑。每个班选出一个策划方案。 第三步：六个班一起交流确定最终方案。（事实上，六个班的策划方案惊人的相似） 第四步：班级推荐人进入四年级组选拔，在学校大报告厅，全体四年级学生参与聆听，请各年级语文备课组长做评委，学校邀请广播电台专家来校指导。解说的学生自己制作 PPT，模拟现场，进行比赛。

（三）项目实施的原则

1. 合作与探究相结合

项目化学习很重要的一个特征就是小组合作学习，组织介绍相同内容的学生组成合作小组，每一个合作小组不少于 3 人，不超过 6 人。学生在合作小组内，和同学一起去探究校园的深层文化,探究撰写导游词的要点,探究做好"小导游"的关键等,在合作与探究过程中实现项目学习的有效性。

2. 课内与课外相结合

在项目实施过程中,对校园环境、校园文化、学校活动等情况的梳理,撰写导游词的习作指导,组内交流、班级展示、校级选拔等都需要统一的时间集中进行。但是,收集处理信息、练习导游词的解说、制作 PPT 等,都需要学生在课外完成。课内与课外相结合,有利于培养学生自主学习的能力,使项目实施更高效。

(四) 项目实施过程中的评价

1. 书面评价

这份评价标准的内容,主要来自学生。学生在探究"如何做好'校园小导游'"的子问题中,梳理出了五大要点,我们便把这作为学生书面互评的标准。

表3-3 项目评价表

评价内容	评价标准	评价结果
仪表(20分)	仪表端庄,形体动作大方得体。面带笑容,微露齿,亲切自然,让游客心情舒畅。眼睛,有时与游客一起看景点,有时与游客交流互动。	
表达(20分)	讲解清晰,普通话标准,语速适中,语调亲切。做好充分准备,对游客提出的问题要耐心讲解。	
应变(20分)	思维敏捷,应变能力强。(游客可能会提出各种问题,会巧妙应答)	
协调(20分)	有较强的现场组织、协调能力。(游客多的时候,要组织好现场;现场有突发事件,灵活协调)	
合作(20分)	责任心强,富有团队合作精神。	

2. 现场评价

书面评价可以让学生知道自己整体表现的结果,但具体存在怎样的问题依然不清晰,这就需要现场评价来解决。当学生完成导游词介绍之后,由同伴或者老师进行点评;在校级小导游的选拔活动中,邀请广播电台的专家进行整体点评。通过现场评价,学生对自己的优劣非常清晰,有助于自我整改。

四、项目成果

成果一：能力层面

① 学生提高了收集和处理信息的能力,学会了提炼撰写导游词和做好"小导游"的基本要求,发展了有目的、高品质做事的综合能力。在"校园小导游"的项目化学习中,两次布置学生收集信息的任务,分别是"如何撰写导游词"和"如何做好'校园小导游'"。学生组内合作,根据老师提供的信息记录表,通过上网查询、向家长咨询、向老师请教等方式,梳理出了重要信息(两次收集材料,表格相同只是主题不同)。

表3-4　学生收集信息表

项目主题	如何撰写解说词(导游词)	
合作小组名称	小组成员	
收集信息的方式		
收集并处理的信息		

学习小队共同完成后进行交流汇报,最后整合梳理,形成班级的导游词撰写要求和"校园小导游"注意要点,这些要求和要点也成为学生互相评价的标准。

> 1.导游词的结构一般分三部分：引言、主体、结语。2.导游词与平时习作有所不同,需要特殊用语。比如：引言中包括欢迎词和对校园的整体介绍;而结语则是简单的送别词。3.主体部分,详细介绍各景点或活动,点与点之间要有过渡或连接。撰写导游词时,选择的点不宜多,一般以2—3个为主。4.语言要通俗易懂,要吸引游客,还可以有与游客互动的语言。

图3-3　撰写导游词要求

1. 仪表：仪表端庄，形体动作大方得体。面带笑容，微露齿，亲切自然，让游客心情舒畅。眼睛，有时与游客一起看景点，有时与游客交流互动。2. 表达：讲解清晰，普通话标准，语速适中，语调亲切。对游客提出的问题要耐心讲解。3. 应变：思维敏捷，应变能力强。4. 协调：有较强的现场组织、协调能力。5. 合作：责任心强，富有团队合作精神。6. 固定小导游：一直固定在一个点上介绍，迎接游客到来时注意站姿，背挺直，头放正，眼睛平视前方。男生双脚稍微分开，两手自然下垂；女生以"Y"形站姿为主，两手交叉放腹部。

图 3-4　"校园小导游"注意要点

② 学生学会个性化撰写导游词，提高基于生活实际需要的习作能力。学生根据撰写导游词的注意点，选择好自己准备介绍的点，进行个性化习作。因为有了前期的准备与铺垫，全班学生都能在四十分钟内完成导游词的写作，特别有成就感。

习作课后，学生还在七嘴八舌地谈论着。听听他们的心声。

> 我已经迫不及待了，好想把导游词讲给大家听。——张同学

> 其实还有好多内容我都想写，可是没办法，必须要有取舍。——戴同学

> 今天的作文特别简单，我根本停不下来，一直在写啊写啊！——陈同学

图 3-5　学生的心声

的确，这一次撰写导游词的习作非常顺畅，不需要老师太多地修改，同学之间互相阅读互相修改就非常棒了！学生有了表达的兴趣和意愿，就会有理想的效果。我们把学生的个性化校园导游词打印装订成册，作为本次习作的成果。

③ 在校园小导游选拔的过程中，学生提高了面对大众表达的能力。在本次"校园小导游"的选拔过程中，学生至少有 3 次面向大众表达的机会：一是交流撰写导游词的要点(从小组交流到班级交流)；二是交流做好"校园小导游"的注意事项(从小组交流到班级交流)；三是班级内的"校园小导游"推荐活动(精选一个点，可以个人参赛，也可以组队参赛)，大家都是到现场进行介绍，每班推荐前四分之一的优秀"小导游"参加校级选

拔。参加校级"小导游"选拔的学生就要进行第四次表达,全体四年级学生都是观众。

四年级的第一学期,主要是进行"校园小导游"的项目化学习。那个时候,如果你来我们四年级,你会看到教室里、走廊上、平台上,都有学生在进行导游词的练习,这儿一组那儿一组,互相指导。有的学生会趁中午或放学后的时间,到现场去练习。让我感触最深的是,有两个女孩,平时胆子特别小,上课发言都是听不太清楚的,没想到她俩对这个项目特别感兴趣,而且她们是一个组合,最后她们还以优异的成绩获得"校园小导游"的称号。从此,他们爱上了当"小导游"。

第二学期,校级"小导游"开始协助学校接待参观交流团,学校的景点介绍、活动介绍、课程介绍,全部由学生完成。每月至少有两次接待任务,为了让更多的学生有锻炼的机会,每一项内容的介绍一般都安排 3 组学生轮流参加接待活动。

成果二： 精神层面

① 使学生对校园有了深入了解,激发学生热爱学校的情感。学校地大物博,小学生主要对自己所在的楼层、体育馆、操场和一些自己去上课的专用教室相对熟悉些,而对行政楼、初中部、食堂、宿舍等非常陌生,尤其是走读生。在这个项目化学习中,四年级的每一个学生都走遍了校园的角角落落,并且把自己看到的和听到的讲给爸爸妈妈听。

今天孩子回家特别兴奋,好像发现了新大陆,感觉学校特别漂亮、特别大气,说自己要好好努力,以后初中还要继续在这里读书。——曹同学家长	我们一直很向往去看看小河的那边是什么(学校中间有一条茶士港河),今天终于一睹风采,原来我们的学校这么大,平时我们只看到了学校的一角而已,我特别骄傲能在这样一所美丽的学校学习。——王同学

图 3-6 学生和家长的感慨

② 提高了学生表达的自信,让孩子愿意表达。在"校园小导游"项目中,明显感受到学生的成长,他们想说了,愿意说了。没有选上校级"小导游"的学生,他们也申请加入接待来宾的行列,学校都给予他们机会。前来学校参观交流或开现场会的来宾,有来自全国各地的中小学甚至大专院校的,也有政府部门的,包括省委、市委宣传部,来宾们参观后印象最深的就是我们的学生,表扬得最多的也是我们的学生。他们落落大

方,阳光自信,他们用实践证明自己的能力。

五、项目评估与反思

项目学习的目标达成情况如表3-5所示。

表3-5　学习目标达成情况

子问题	目标达成情况
1. 选择"校园小导游"讲解的内容	学生增强了对校园文化的认识和理解,在探究校园的活动中主动去认识校园、了解校园文化,加深了对学校的美好情感。
2. 如何撰写导游词	学生提高了搜集和处理信息的能力,而且在此过程中加强了合作学习的能力,进一步提高了表达和习作的能力。
3. 如何做好"校园小导游"	通过项目学习,学生有了表达的兴趣,愿意表达了,敢于表达了,提高了表达能力。
4. 如何策划一场"校园小导游"选拔活动	学生培养了对活动的策划能力以及团队合作意识。

由此可见,本项目的学习达成了预期的学习目标,让每一位学生都感受到了项目学习给他们带来的成长的快乐。

(研究团队：东北师范大学南湖实验学校　执笔人：张玉芳)

二、 跨课堂间界的 BYOD 精准教学

精准教学起源于20世纪60年代,由美国奥格登·林斯利基于斯金纳的行为学习理论提出,用于追踪小学生的学习表现,后来发展为用于评估任意给定的教学方法有效性的框架,可评估任何学科、任何学段的教学。据此,我们认为精准教学是教师在教学实践过程中精准地设定教学目标、教学环节和教学过程,采用精准的测量和评估方法发现影响学生学习效果的因素,并不断调整教学策略而作出新的教学决策的一种方法论。

（一）跨课堂间界的BYOD精准教学课堂构建

一般认为，BYOD(Bring Your Own Device)指携带自己的设备办公，这些设备包括个人电脑、手机、平板等(而更多的情况指手机或平板这样的移动智能终端设备)。基于BYOD的精准教学是超越时空、融合多种技术手段的跨界教学，是基于学情分析的差异化教学，是一种能够满足学生发展需求的学为中心的教学。

1. 精准教学是跨界性教学

一是教学时间上的跨界。精准教学要发挥其评估与反馈的优势，就不能只局限于课中，而是要延伸到课前和课后。课前，教师准备导学案、任务单及微课视频等学教资源，并通过云平台将教学资源推送给学生。学生依照导学案或任务单进行自主学习，如观看微课、居家实验、完成课前线上测试等。教师根据学生的课前测试反馈，研究教学重、难点的突破方法，设计学法指导的策略。课后，教师可以根据精准的大数据分析进行个性辅学。教师也可以根据大数据反馈结果进行反思，制作精准课后练习和微课视频并推送到云平台。学生可以对没有掌握的知识通过观看课后微课视频进行精准复习，巩固重点、突破难点。

二是教学空间上的跨界。借助于互联网技术，精准教学的学习空间从教室内拓展到了非正式学习的环境，即泛在学习空间。传统学校的教学主要依托的是教室、黑板、桌椅、讲台，这些都是在封闭的环境中，静止的状态下进行的教学，具有封闭性和局限性。互联网、云计算、人工智能、大数据的发展，突破了三维空间的限制。跨教室边界的精准化教学，打破了教学空的界线，这有利于调动学生学习的积极性，让学习更加开放、多元。教学空间上的跨界，使学生学习的场所由封闭和局限转向开放和自由。

三是教学技术上的跨界。精准教学既实现了传统教学技术和现代信息技术间的跨界，又实现了现代教育信息技术之间的相互跨界。一方面，精准教学依托信息技术更好地辅助传统的学教方式，在精准分析学情的基础上精准施教。例如，基于大数据分析的设问，基于反馈结果的任务设计，这都使传统的学教方式变得更具精准性。另一方面，精准教学是一种融多种现代信息技术手段为一体的智慧教育。精准教学只有综合"互联网＋"、大数据、人工智能等多种信息技术手段才能真正实现精准。例如，精准教学所依托的大数据分析本身离不开云平台和"互联网＋"的支持。因此，精准教学需要将传统教学方式与各种现代教育信息技术有机融合在一起。

2. 精准教学是差异化教学

一是分层教学。精准教学的前提是有效掌握学情。有效掌握学情必须认识到教学对象内部的差异化。在这种差异下，有效教学的方式就是进行精准的分层教学。分层教学，可以满足不同层次学生的发展需求，它可以是针对班级内部学情的差异制定分层的学习目标，也可以是在不打破原行政班的前提下在某些学科实行走班制的分层。走班制的分层教学对于教学管理提出一定的挑战，划分快慢班式的分层教学往往会引发对教育公平的质疑。因此，班级内部的分层教学更常见。在实践中，班级内部的分层教学实施起来更加困难，它需要借助分层目标、分层任务、分层互动、分层评价等多种学教手段来实现，这对教师提出了很大的挑战。每一节课前，教师都需要建立一种可以有效辅助教师实现分层教学的动态学生层级。利用BYOD，教师通过平台上的前测，及时形成大数据分析，制定分层目标。同时，平台的交互功能让教师更容易开展分层教学和分层诊断，而分层推学可以让不同层次的学生更好地巩固学习成果。

二是精准导学。精准导学是分层教学可依托的有效手段。精准导学可以根据学情预设对学生予以引导，也可以针对学生课堂中生成的问题给予及时反馈。精准导学在设计上不但要有普遍性的导学设计，也要有差异性的导学案例。教师可为不同的小组设计不同的导学任务，也可以根据班级内学生不同的接受能力设定差异性的导学要求。精准导学设计同样对教师提出了很大的挑战，因为这需要教师必须对学情有精准的把握。利用BYOD开展教学，实时的现场反馈可以让学生充分"暴露"思维缺陷，为教师因材施教提供实证支持。教师可以真正做到"引在重点上，导在疑难处，点在困惑时"的精准导学。我们需要一个精准的课堂教学模型，这种模型能让教师通过前测获得精准导学的支持，能对生成性的问题进行及时处理。通过展学互动的功能，教师能及时介入学生认知错误和冲突的拐点处，矫正学生的认知，真正做到精准导学。

三是因才推学。课后作业对于巩固学生的学习有着至关重要的作用。然而，学生的学习能力和理解能力存在差异，学生的错误和薄弱环节也存在着差异。面对不同的学习能力和不同的薄弱环节，个性化作业的重要性逐渐凸显出来。不可否认的是，个性化作业具有一定的操作困难，因为学习资源往往都具有统一性，个性化作业对于学习资源和作业批改都提出了挑战。因才推学必须借助一种能够实现个性化学习的载体。利用 BYOD,教师能精准推送一些有针对性的习题给出现典型错误的同学;同时,针对疑难的习题,教师把解题过程、讲评微课等推送给学生,做到因才推学。

3. 精准教学是学为中心的教学

一是任务驱动。通过课前、课中和课后任务促使学生在发现问题、解决问题的过程中有效地达成学习目标。任务驱动式教学可以充分调动学生探究、思考与合作的欲望。考虑到班级内部学情的差异,精准教学课堂中的任务也可以体现出差异化的分层设计。分层任务驱动充分体现了学为中心的理念,让不同的学生都能获得适合自己的学习扶梯。通过 BYOD,实现从课前、课中再到课后为不同学生推送不同的学习任务,促使学生学习的自然发生。

二是适度翻转。翻转课堂式教学模式,是指学生根据教师提供的学习资源在课前学习,课堂中老师主要负责答疑解惑及与学生互动。就目前中国的教育实际来讲,完全翻转的教学并不符合中国教育现状。然而,适度翻转化的教学对实现精准教学有很大的意义。翻转教学不仅仅局限于学生线上的自主学习,而且让学生在线下学习中也能有效听讲、高效互动。也就是说,翻转课堂翻转的是时间和空间,但并不意味着将教和学完全剥离。通过基于 BYOD 的学习,教师可以实现适度的、可控的翻转课堂。在学生自主学习的过程中,教师能够实时监控学生的学习状况,并给予及时的引导和辅助。

三是分享交流。传统教学是教师输出、学生接受的过程,其交流互动的主导权在教师。虽然许多一线教师也期望把交流的主动权交还给学生,但在课堂中,由于条件的限制,教师很难让学生大面积地分享展示自己的思维过程。我们知道,只有能够让学生充分展示交流的学习才是有效的,因为展示的过程会促进学生主动反思、构建与评判。在课堂教学中,分享交流教学遇到的瓶颈是缺乏技术支持而占用过多的教学时间,以及展示的内容难以及时地被统计、分类和反馈。而 BYOD 为学生的学习信息输出构建了展示平台。这个基于信息化的展示平台使学习过程具有了可视性和高效性。在 BYOD 的精准教学中,教师可以借助学习设备的学生端,将学生的学习成果通过网络、投屏等方式进行精准的展示和分享。教师可以在教师端清楚地观察每位学生展示分享的内容,然后选择性地进行展示,选取典型内容进行分析,并根据学生存在的问题进行分层辅导。

(二) 跨课堂间界的 BYOD 精准教学课堂结构

精准教学课堂分为课前、课中、课后三个阶段，其教学环节为：精准入学、精准定学、精准导学、精准互学、精准展学、精准诊学、精准推学、精准固学等。其中，精准入学、精准定学属于课前阶段，精准推学和精准固学属于课后阶段，其余四个环节属于课中阶段。精准入学、精准互学、精准展学、精准固学环节的核心是学生的学，而精准定学、精准导学、精准诊学和精准推学环节的核心是教师的导。

学校为学生提供了平板电脑作为学习工具，教师可在平台的教师端上通过网络直接推送学教资源到学生端，并能实时监控他们完成的进度，及时给予评价反馈，具有较强的交互性。教师可从课前、课中、课后三个环节使用 BYOD 实行精准教学。

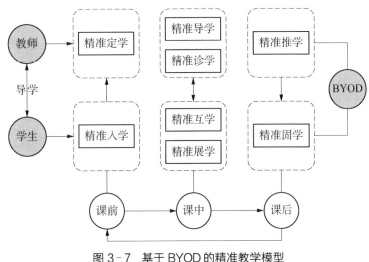

图 3-7　基于 BYOD 的精准教学模型

(三) 跨课堂间界的 BYOD 精准教学环节及实践

1. 课前精准预设：精准入学、精准定学

一是精准入学。这个环节中，教师利用 BYOD 前置学习问题、教学情景、微课视频以及前测试卷等教学资源包，使学生通过线下学习，唤醒旧知，初步厘清知识脉络，然后通过网络及时反馈疑难问题至教师端，从而助力教师在课前做好学情分析和教学准备。

二是精准定学。精准定学是指教师通过 BYOD 反馈的学生前测和预习情况的数据与信息，分析学生学习能力的不足和已有认知缺陷，并以此为依据确定课中教学目标以及重、难点，从而精准制定突破重、难点的措施，并预设精确分层教学的方案。如在初中七年级科学"摩擦力"一课中，教师按照如下过程实施精准定学。

环节一：根据"摩擦力"的教材内容和学情分析，设计符合所任教学生的精准导学案，包括精准的定学目标、学习任务和检测练习等。本节课整体的构思是从力的三要素去认识摩擦力，而课前定学的主要目标和任务是通过生活实例激发学生的学习乐趣，并让学生感知摩擦力，通过实验体会摩擦力的方向和作用点，从而激发学生的学习兴趣和求知欲望。

环节二：教师根据定学目标制作了三个课前的微课视频。第一个微课视频是"筷子提米"，通过有趣的生活化实验导入新课，激发学生的学习兴趣和求知欲，同时要求学生模仿操作，检验真假。若不能成功实验，思考原因，在课堂上与同学交流讨论，寻找解决方法。第二个微课视频的主要内容是通过手掌按在桌面上滑动，用手指模仿脚走路时的情景亲身感知摩擦力。第三个微课视频的主要内容是利用牙刷在桌面上滑动，观察刷毛摆动的方向，从而理解摩擦力的作用点和方向。

环节三：课前学生通过 BYOD 云平台学生端查看教师推送的导学案，逐步按顺序观看微课视频资源，知道并能举出生活中摩擦的实例，观察到摩擦力方向与物体表面相对运动方向相反。学生在课前学习过程中，要把遇到的问题或者不理解的知识点记录下来并提交反馈给教师，教师通过课前测试批阅了解学生的元认知。

环节四：教师在课标(科学课程标准要求学生能列举生活中常见的力，并能说明其意义，能够探究摩擦力的大小与哪些因素有关)指引下对整章教材进行分析(物质间的相互作用：从介绍生活中常见的力开始，学习摩擦力等初步建立关于力的概念，通过本章的学习进一步认识力是使物体运动状态发生变化的原因；

"机械运动和力"内容的主线是"力的平衡"这一统一的科学概念；在技能和科学方法上主要是掌握观察、测量、比较、控制变量等多种科学方法）。同时结合学生预测情况通过BYOD在此基础上对课堂教学进行精准定位，设计出本堂课精准的课堂教学计划为：学生课前自学，通过视频和活动感知摩擦力的存在，体验并知道摩擦力的方向与作用点；在实体课堂中通过小组合作，实验探究得出影响摩擦力大小的因素，并通过BYOD学生端观看课前教师推送改进实验后的微课视频来帮助学习；课后观看BYOD云平台中的微课视频，结合之前已学的二力平衡知识，求解摩擦力的大小和方向。

2. 课中精准推进：精准导学、精准互学、精准展学、精准诊学

一是精准导学。当前我们倡导的"学导课堂"实质就是要求学导并举，既要充分发挥学生主动性，又要"浸润"教师智慧导学。我们既要有"有所不为"的等待，还要根据学情"有所作为"，适时启发引导，把学生引向深度学习。人工智能时代，便捷、高效、快节奏的教学方式已经到来，信息化技术手段为学生充分"暴露"思维过程提供了平台，为教师"有所作为"提供了数据支持，教师可以真正做到"引在重点上，导在疑难处，点在困惑时的精准导学。例如，教师利用最近发生的热点和大事件作为教学情景，引发学生倾听、好奇、思索。教师着手搭建学习支架，通过问题、任务驱动学生开展探究式学习、项目化学习、体验式学习，针对学习内容进行适切的学习方法指导。

二是精准互学。精准互学是教师在课堂中组织学生开展小组协作学习，学习小组内分工明确，能有效开展讨论、探究活动，学生之间呈现互助学习的学习状态，教师观察学习情况、及时解答疑惑并收集学生学习中产生的问题。如，在八年级"反比例函数的应用"的教学中，教师通过平台发布任务：

等腰三角形 ABC 的周长为10，底边 BC 长为 y，腰 AB 长为 x，求：

(1) y 关于 x 的函数表达式；(2) 自变量 x 的取值范围；(3) 腰长 $AB=3$ 时，求底边的长；(4) 底边的长 3.6 时，求腰长。

然后再通过如下三个环节逐步引导学生实现精准互学。

环节一：

a. 学生先独立完成(1)(2)两小题(时间 6 分钟)，用电子书包提交。

b. 小组交流答案，教师从中选取 2 个小组进行汇报展示。

c. 教师适时引导、补充，形成解题思路。

环节二：

d. 学生独立完成(3)(4)两小题(时间 3 分钟)，并校对答案。

e. 思考：当 $x=6$ 时，$y=10-2x$ 的值是多少？当 $x=2$ 呢？你有什么想法？学生先独立解答，之后同桌交流想法。

环节三：

f. 思考：你认为解决函数问题的基本步骤有哪些？

学生小组内交流、展示(合理即可)，教师适时归纳，形成基本步骤，即"问题情境—数学建模—求解析式—自变量范围—求函数值或求自变量"。

三是精准展学。通过学生手中的平板电脑，将学生的学习成果在平台上展示。在教师的平板电脑上，教师选择性地进行展示，并选取典型案例进行分析。另外，还可以针对每位同学存在的问题，进行个别化或分层的指导。

四是精准诊学。精准诊学是教师专业能力的课堂集中体现，基于学生的学习情况与质疑情况判断并定位学生学习的程度，也可利用辅助手段通过 BYOD 的推送分层达标试题和思维导图的即时反馈来实现学习的全面掌握。如外研版英语九年级下册第四模块第三单元教学中，情态动词的教学是英语语法中比较难的一项内容，需要学生去仔细体会说话人的语气和态度。如果只是传统的教学，即教师列举情态动词再一一解释其用法，学生经常听过就忘，不会真正运用。因此，可以借助 BYOD，在每一环节中都布置相关练习，并根据反馈数据实施分层作业的布置和评价，巩固学生的学与用，从而有效实施分层教学，真正让教师的教从经验教学转向基于实证的分层教学，将学以致用和因材施教落到实处。

3. **课后精准巩固：精准推学、精准固学**

一是精准推学。精准推学旨在提高作业的针对性和个性化设计，利用 BYOD 开展研题推学,推送基于错因分析的个性化变式习题,实现高效课后自主学习。对于学生在作业中存在的错误,和传统教学相比,基于 BYOD 的推学更加有针对性,更加个性化,能做到因需而学。例如,数学作业中,平板推送解题视频,形式灵活,教师既可以选用平台上原有视频推送,也可以根据班级实际需要,利用平板的录制功能自己录制题目解析。另外,平板推送解题视频时间及时,教师可以面对面地批阅学生作业,确保时效性。除此之外,平板推送解题过程针对性强,教师可以根据题目的反馈情况,定向转发给出现错误的同学,精准度高。最后,平板推送解题过程接收时间灵活,学生纠错流程不再是传统式的教师讲,学生听,听不懂自己慢慢弄清楚,而是根据自己的时间安排,合理地利用碎片化的时间,随时对错题进行订正。

二是精准固学。精准固学就是课后通过一定量的练习,对学习内容进行延伸和巩固。教师利用 BYOD 题库,选择分层作业推送给不同层次的学生,还可以推送习题讲解微课,使学生可以重复观看。如英语口语教学,教师除了课堂上抓好语音教学外,可以在课后利用平板上"智通云"中的"口语训练",根据学生的实际情况,给学生分层布置口语练习。此外,教师根据测试的成绩将学生进行分层,然后有针对性地进行作业布置,为不同学生设置不同的目标分值,以便不同学生都能通过练习慢慢进步。教师对不同的学生设置了不同的要求分值,有 70 分、75 分、80 分不同的档次;分值较低要求读两遍,通过以勤补拙的方式,循序渐进地提高口语成绩。

(四) 跨课堂间界的 BYOD 精准教学课堂评价标准

精准教学课堂从课前、课中、课后三个阶段和精准入学、精准定学、精准导学、精准互学、精准展学、精准诊学、精准推学、精准固学等八个环节来进行。八个环节下有 35 个观察点,分别从少教多学、智慧导学和技术运用(BYOD)三个维度进行观察和评估。例如,在传统的课堂中,学生入学是从老师说"同学们好,请坐"后开始的,而精准教学的入学前置到了课前,通过前知唤醒的任务,让学生唤醒旧知,反馈知识缺陷,通过适度翻转,新知预习,使学生能初步厘清知识脉络,反馈疑问,从而为教师的定学和诊学精准定位。

表3-6　基于 BYOD 的精准教学评价标准

环节	一级指标	少教多学	二级指标	智慧导学	评价	技术运用	评价
课前	精准入学		前知唤醒	通过前知检测，唤醒旧知，反馈学生知识缺陷		BYOD	
			预习存疑	前置任务单，学生能初步厘清知识脉络，并反馈预习疑问		BYOD	
	精准定学		难点突破	基于前测、预习反馈和教学内容的难点突破策略，确定多元化的学习方式			
			目标分层	结合教学内容和学情分析学能，并以此确定分层目标			
课中	精准导学	（　）分钟	情感合学	"大、热、近"等的教学情境能引发学生倾听、好奇、思索、愉悦等情感			
			学习支架	通过任务单或层次性的问题驱动学生展开学习、深入思考		BYOD	
			学法指导	能有效组织学习，并有指导学生高阶思维的方法			
	精准互学	（　）分钟	协作学习	有小组分工、讨论、探究等课堂现象			
			同伴互助	出现"兵教兵"现象，教师巡视，并助学学困生			
			解惑存疑	通过同伴互助解决了一些问题，记录小组解决不了的疑惑			
	精准展学	（　）分钟	展示分享	典型成果在班级展示分享，学生倾听其他小组成果		BYOD	
			质疑对话	学生比较本小组和其他小组成果异同，开展生生之间的质疑与对话			
			评价创造	对本小组或其他小组的成果提出修缮意见或提出新的想法			
	精准诊学	（　）分钟	深度学习	通过师生之间的质疑与对话引发学生高阶思维或有课堂生成			
			分层达标	课堂分层检测，及时反馈。重视 A 层学生的联系与综合、迁移与应用能力，特别关注 C 层学生基础知识的掌握和学习方法的提升		BYOD	

环节	一级指标	少教多学	二级指标	智慧导学	评价	技术运用	评价
课后			思维导图	教师通过思维导图帮助学生整合学习内容,使学生有效建构新知			
	精准推学		分层作业	教师分层布置作业,及时推送		BYOD	
			温故知新	推送下节课的前知检测、预习任务单		BYOD	
			研题推学	错题归因,变式题推送		BYOD	
	精准固学		学习整理	学生及时复习,错题一天小整理、一周一整理		BYOD	
			完成作业	学生完成当天的作业,并及时反馈		BYOD	

(五) 跨课堂间界的BYOD精准教学实施意义

第一,能给学生创造适合个性发展的学习环境。 在传统的课堂教学中,大多数教师难以在班级授课制的现状下做到全面掌握每个孩子的学习情况,因此,"因材施教""差异化教学"只能成为一种向往和憧憬。但有了互联网下BYOD的介入,上述憧憬成为可能。基于BYOD的课堂教学,能让更多的学生有机会获得教师的"差异化教学"指导和应用系统的"个性化学习"推荐,使得"私人定制"的教育成为现实。这种能让学生"因需而学"的课堂,更有利于促进每个孩子的发展。

第二,助推学情分析由经验走向实证。 传统的课堂教学中,教师对学情的分析更多是依赖教参的建议或者凭借自身的教学经验,较少进行学情调查,也不方便开展学生访谈。但互联网下BYOD的介入,教师通过BYOD的课前导学反馈能获取到班级学生对新学内容的认知难点和易错之处,在及时了解和掌握学习效果的基础上,教师能够为了更好地达成目标而采取最有效的方法,在课前有针对性地进行教学准备,实现精准教学;课中教师通过BYOD推送任务,可以及时获取学生思考后的结果,从而及时调整教学策略;学生电子作业数据的反馈为教师精准把握学情提供了依据,从而提高教学的针对性。

第三，有效实现互联互通。"互联网＋"下的 BYOD 精准教学，还能突破教师因外出学习或学生假期等造成的时间和空间的局限，有效实现学校、教师、学生间的沟通。同时，通过 QQ 等其他网络软件辅助，及时反馈学生学习效果给家长，能达成四方的互联互通。

三、 跨学段边界的"立体化"贯通式学习

目前基础教育常用的学制为小学六年制、初中三年制。就基础教育实践情况而言，此学制适用于大部分学生，但对于学有余力的优秀学生而言，六年级无异于在陪读。东师南湖校基于九年一贯制学校的特点，进行了跨学段边界的"立体化"贯通式学习。依托学校小学部和初中部教学资源的一体化设计，将原先小学部和初中部各自独立的课程体系进行有效整合、合理衔接，达到基础课程加强，研究性学习能力和思维能力同步提升的培养目标。

跨学段边界的"立体化"贯通式学习，是指在九年一贯制学校，打通小学和初中的边界，将小学六年级和初中一年级的内容进行贯通式开发与实施（并不是完全将初一的内容在六年级教授），从学法贯通、课程贯通、能力贯通三个角度解决小学和初中的衔接问题。

（一）跨学段边界的"立体化"贯通式学习流程

1. 学法贯通：学法为先，习惯贯通

小学六年级和初一的学科数量和学生身心发展存在差异。跨学段边界的"立体化"贯通式学习的第一要素是让每个六年级学生"学会学习"，适应初中的学习方式。从内容上可分为学习常规（通识性）指导课程、学科学法指导课程、单元学法指导课程等；从指导角度来看，包括学法指导讲座、学法微课堂、习题微课指导、平台展示交流、基于大数据的个案诊断等。

贯通式学法指导在六年级下学期开设，主要包含两个单元：第一单元是初中学生学习常规，有 6 节课，包含中小学衔接、听课、提问、记笔记、复习（整理）、做作业、考试与自我评价等；第二单元是初中学科学法指导，有 5 节课，包含语文学习方法、数学学

习方法、科学学习方法、英语学习方法。

以英语学科为例，在学法贯通上可以分为如下两个单元来实施。

第一单元：初中学生英语学习常规

根据本校小学英语学习现状（听的习惯和书写习惯培养得很好），在贯通教学中须加强以下几个方面的习惯培养。

拼读和记忆习惯。本校六年级的孩子普遍存在死记硬背，不注意拼读规则，不注意词汇的使用环境等不良习惯。对策如下：第一个学期把单词的自然拼读和音标学习当成重点来抓，并且贯穿在以后的英语教学中。督促手段有：听选、听写音标、看音标写单词、拼读单词比赛等。为了避免学生死记硬背单词、词组和句子，听写中注意体现语境的设计，例如把单词和词块融于句子中进行测试等，由此促使学生养成科学的记忆习惯。

及时巩固习惯。小学阶段英语课时少，不能保证每天都有英语课，老师也没有时间及时检验学生对知识点的掌握情况，这就导致大部分学生没有养成及时巩固的习惯。初中阶段的英语课时密度、内容、难度都增加了，学生需要在贯通学习阶段提前进入初中学习状态。我们要求学生做到当天的知识当天巩固、当天消化。同时要求学生及时解决作业中的问题。为此，我们设计了"知识点和作业测试"环节并以分数的形式详细量化，借以督促学生养成及时巩固新知识、及时解决疑难问题的习惯。

记录整理习惯。英语知识点琐碎，容易遗忘。养成知识点和错题整理的习惯对英语学习的质量保证具有重要作用。需要注意的是，记录时一定把握好一个原则：简单明了。序列式记录是最明晰、最简单同时又是能帮助学生坚持的一种方式，这种方式不要求对内容进行分类，遇到容易遗忘的、没有完全弄明白的或者有记录价值的错题就按照序号排列下去，同时可对记录的内容做简单的提示。我们要求学生把答案或者提示性的关键词写在题目后面并做适当的折叠和掩盖，以防复习时没有经过思考就看了答案和解释。如果有的同学对某一块语法知识没有掌握好，则可以建议他将与该知识点相关的错题或者遇到的难题单独积累。

独立开口习惯。鼓励学生大胆开口，除了知识性表述对准确度做要求之外，"开口即对"是对学生最好的鼓励。学生只要开口说英语，哪怕只是单词拼凑也会得到鼓励和表扬。在实际操作中除了鼓励师生之间、生生之间用英语交流之外，还尽可能多地为学生创造展示口语的机会。比如，课堂上前两分钟的英语才艺表演就很受学生欢迎。学生或唱英文歌曲，或朗诵英文诗歌，或讲英文故事、英文笑话等，有的同学甚至可以合作小短剧。

第二单元：初中英语学法指导

本阶段的主要目的是通过一些手段架起小升初的桥梁，保证学生英语学习兴趣的可持续性发展。在贯通阶段的学习方法中，除了第一单元列举的几个习惯培养之外，还需要特别注意朗读和积累。

第一是朗读。好的英语语感是读出来的，所以学会朗读、养成良好的朗读习惯是学好英语最直接最有效的方法。首先要保证足够的朗读时间，除了利用好晨读时间和课堂朗读时间之外，我们鼓励学生利用周末时间录制自己的朗读音频或者视频并在班级群里展示。其次是保证学生的兴趣保持或者兴趣提高，例如充分利用好的朗读软件来保证朗读质量并提高朗读的兴趣，两届贯通班都使用了"一起学"和"趣配音"，反馈效果较好。

第二是积累。首先是词汇积累。词汇的积累原则是"多多益善"。鼓励学生在日常生活中和写英语作业，尤其是英语阅读中，碰到有用的单词、词组和句式结构就记录下来并尽可能地记住它们。我们还倡导"便签文化"：把单词或者词组抄在便签上，随身携带，经常和词汇"见面"。另外，充分利用现代科技手段来帮助积累词汇也是一种有效的方法，如"百词斩"是一款帮助记忆单词的不错的软件。其次是句子积累，班级黑板的一个角落开辟了一个专栏"Everyday English"，学生轮流或者自愿在专栏里摘抄英语美句。再次是英美文化渗透积累，我们鼓励学生多看积极向上的英美影视剧、学唱英文歌曲、阅读英美读物等。

2. 课程贯通：学科整合，内容贯通

语文学科：推选多领域的"大阅读"，进行深度与广度拓展。围绕语文学科的素养要求，拓宽学生的阅读视野，从原有的文学阅读扩展至历史、哲学、科技等多领域的"大阅读"。教师对阅读内容进行筛选，推选经典文本让学生自读或教师导读。同时，加强学生文言文学习的深度与广度，让传统文化时刻在语文课堂中呈现，为初中的文言文学习打好一定基础。

数学学科：以板块为特色整合，拓展数学学习动力，采取思维转变、开拓思路的教学模式。如利用初一的一元一次方程来轻松解决小学六年级里的问题。以板块为特色，把六、七年级的几何内容整合并延伸，同时在学生兴趣的基础上研讨欧几里得的《几何原本》，做到拓展与激发兴趣的学习目标。

科学学科：以实验为媒，拓展学生的探究力。以培养学生科学兴趣为主，以实验带动学生学习兴趣，以科学问题带动学生进行项目化探究性学习。

英语学科：扩充词汇，拓展学生的语言运用能力。主要以扩充词汇、增强语感为主，如以自然拼读法为基础，融入音标，强化学生的口语语音标准化，提高学生的英语词汇量。

3. 能力贯通：依托"三模块"课程，凸显"三个能力"

构建文化基础课、研究性学习课、学法指导课的"三模块"课程，凸显"三个能力"，即知识能力博、研究能力强、方法能力巧。

在进行课程设计时，对小、初相关课程进行全面系统的梳理。整合教学内容，重新分配课时计划，重新设计课程教材。在基础课设计方面，以国家课程内容为蓝本，在此基础上整合六、七年级课程内容；以模块化方式重新梳理原有小、初的课程门类，以学生核心素养能力为中心对课程进行模块化设计，突出教学内容对接核心素养；教学内容的重组与整合，按理论知识学习、研究能力和学习方法能力培养要求进行整体设计。

以英语学科为例，如果前面的习惯培养和学习方法只是教学生"做什么"和"如何做"，那么这一部分就是"会做"了。

会说。在前面习惯培养部分介绍的课后口语训练的基础上，学校在第二学期增加了难度，设计了课上口头表达训练内容，比如看图说话，根据关键词说话，复述课文，口头造句等。

会读。朗读能力训练在习惯培养环节已经做了介绍。这里重点说一下阅读过程中思维能力的培养。方法之一是思维导图的运用。在时间允许的情况下我们鼓励学生在设计思维导图时加入艺术创造的因素。但是由于在日常学习过程中，学生的时间还是很紧张的，所以简单的"结构图"不失为一种帮助学生理顺短文内容的有效方法。它的特点是简单明了。以七年级上册第5单元"My Schoolday"为例，在经过课堂上核对后，整个文章的讲解与内容深层挖掘都围绕着学生设计的结构图展开；然后要求学生照图复述短文，最后要求学生画出自己的"My Day"结构图并完成书面表达作业。

会写。我们的做法中最成功的有三点：造句；写节日祝福；运用新学的词块进行编写短文。一是造句。记住词组并不难，难的是运用。在日常教学过程中，我们注意引导学生使用新学的词组造句，造句是听写或者知识点测试中必不可少的测试题目。二是写节日祝福。写节日祝福是提高语言运用能力、培养思想情感、了解英美文化、提高民族文化自信的有效途径。三是运用新学的词块（词组）编写短文，一来能帮助学生巩固新学的知识点，二来能够提高学生语言表达的地道性，最终目的是帮助学生学会运用、学会让死板的知识为自己的语言素养服务。

（二）跨学段边界的"立体化"贯通式学习的操作要义

一是学法为先养习惯。针对小初衔接中学生的学习特点，六年级第一、二周的上课内容就是各学科的学法指导，旨在提前让学生了解和适应初中学习习惯，养成每日能自主规划每周学习内容，整理每日知识点，回顾各学科的《纠错本》和反思错题原因的习惯。

二是学科整合重能力。跨学段边界的"立体化"贯通式学习中的学科整合，一定是注重能力整合，而并不是完全将初一的内容在六年级教授，课程开发是贯通式学习的重点。

三是学习方式重探究。贯通班不仅在学习内容和学习方法上着重培养学生的学习能力，而且在探究性学习能力培养上也起到了带头示范作用。贯通课程实施以来，贯通班实施了PBL项目化学习，采取了学生自选课题、自主探究、自主开发等具有自主性和探究性的新型学习方式。

第四章

从单一走向多元：学校课程评价的考量

多一把尺子，就多一批好学生。用多把尺子评价学生，提升每个学生的综合素质，让每个孩子成为最好的自己，应该成为学校课程评价的重要考量。

我们认为,课程评价是整体课程改革过程当中的关键节点。用多把尺子评价学生,提升每个学生的综合素质,让每个学生成为最好的自己,应该成为学校课程评价的重要考量。传统课程评价中,教师通过"纸笔测验"考察学生的知识掌握情况,此类评价过分关注学生的学科发展水平,不利于"五育并举"和核心素养的落地。多一把尺子,就多一批好学生。以多元化评价促进学生全面发展、持续发展、自主发展,应是学校教师应有的评价观。

一、"五向"课程评价的探索

(一)从"一维"走向"五维"的评价指标深度检测

"五向素养"评价,有利于促进学生核心素养的培育,有利于促进学校把握学生成长规律,全面实施素质教育。对应"五向"课程目标,设置五大评价指标。

表 4-1 "五向"课程评价指标

课程类别	向美的身心	向善的品格	向上的学力	向真的学识	向新的行动
评价主体	音、体、美教师 德育处 拓展课教师	德育处 拓展课教师	任课教师 班主任 拓展课教师	任课教师 班主任 拓展课教师	班主任 德育处 教务处 拓展课教师
	家长评价				
	学生自评 + 互评				

指标 1：向美的身心。主要考察学生的运动健康和艺术素养。运动健康主要反映学生初中体育与健康课程的修习情况、体育运动方面的特长发展和心理品质的发展水平等,包括学生健康生活方式、体育锻炼习惯、身体机能、运动技能、体育兴趣和情绪调控、承受挫折、适应环境的能力等情况。重点关注学生的"国家学生体质健康标准"测试结果,以及参加日常体育锻炼、各级各类体育竞赛及各类心理健康教育活动的情况。艺术素养,主要反映学生对艺术的审美感受、理解、鉴赏和表现能力,反映学生音乐、美术课程修习情况及艺术特长发展等。重点是参与音乐、美术课程过程性评价,学业考

察，各级艺术活动展演、比赛以及艺术兴趣及特长等情况。

指标2：**向善的品格**。主要考察学生的品德表现，主要反映学生在践行社会主义核心价值观、弘扬中华优秀传统文化、注重道德认知和行为表现等方面的情况，包括社会责任感、诚实守信、合作友善、自尊自信、遵守纪律和人生态度等方面的表现。重点记录学生诚信、正义、尊重、关爱、责任等情况（包括学生遵守校纪校规等日常在校表现等）。

指标3：**向上的学力**。主要考察学生的学习品质，反映学生在初中学习过程中学习力的提升，主要包括"乐学、会学、学会、恒学"四个层面，即学习兴趣、学习方法、学习能力、学习毅力等。在学生的学习过程中进行考核，以学习品质的评价促进学生的自我纵向提升。

指标4：**向真的学习**。主要考察学生的学科学习质量，反映学生的"人文底蕴和科学精神"，包括"崇文、重理、跨界、贯通"四个方面，崇文维度主要反映在语文、社会、英语科目的评价中，重理主要反映在数学、科学科目中，跨界、贯通主要反映在 PBL 项目的评价中。

指标5：**向新的行动**。主要考察学生的劳动意识和创新实践能力，主要反映学生创新思维、调查研究能力、动手操作能力和实践体验经历等，反映学生综合实践活动课程的修习情况，科学与技术的实践操作，社会实践（如公益劳动、社区服务、志愿服务活动等），科技创新活动及其相关成果与作品等。重点记录学生参加研究性学习、科学实验、信息技术、劳动技术、社区服务与社会实践、科技活动、创造发明等情况。

（二）从"单一"走向"多元"的评价视角综合评判

指标的多元化、评价的全面化，也需要教育的评价视角随之而改变，"五向素养"评价中，从教师评价的"单一主体"，走向了教师、学生、家长的"多元主体"，采取学分制，累计获得学分，使用"五向雷达图"呈现评价结果。

"五向素养"评价采取过程记录、测评结合、民主评议等方式开展，具体过程为"每周情况记载→每月具体考核→学期折算汇总"，以班级为单位，采取学生自评、学生互评和教师评议相结合的方式进行评定。

（三）从"统一"走向"差异"的评价标准个性呈现

多主体参与"五向素养"评价，势必会产生统计、汇总、储存评价数据的难题，随着大数据时代的到来，移动互联网、物联网、云计算、虚拟现实等技术接踵而至，东师南湖校创新在线智慧校园平台，进行智能评价管理。在"五向标准"的导引下，形成"五向素养"评价平台。

"五向素养"评价平台，采取写实记录和等第评价相结合的形式，学生、班主任、任课教师、学生家长都有各自的评价账号，根据自己的权限，可以定期对学生、教师、课程进行过程评价，突出评价内容的多维度、评价主体的多元化以及评价方式的多样化，改变"一卷定终身"的简单评价方式；每学期当所有的评价主体都完成评价后，系统会自动生成每个学生的"五向"课程评价报告，学校以此评出每学期的"五向少年"，在结业典礼中予以表彰。

"五向素养"评价平台依据评价指标生成多元的评价结果，包括"五向少年、四向少年、三向少年、二向少年、向美少年、向善少年、向上少年、向真少年、向新少年"等，改变了传统评价中的统一标准，促进了学生的差异发展，让学生成为最好的自己。

二、 评价，提升每个学生的综合素质

（一）创新综合素质评价，助力学生全面发展

大家都知道，中考改革的另一个亮点是学生综合素质评价。《国务院关于深化考试招生制度改革的实施意见》（国发〔2014〕35 号）、《浙江省教育厅关于完善初中毕业升学考试与普通高中学校招生改革的指导意见》（浙教基〔2014〕138 号）、《嘉兴市教育局关于进一步完善初中毕业升学考试与高中招生工作意见》（嘉教基〔2015〕19 号）以及 2018 年嘉兴市教育局《关于进一步完善初中毕业升学考试与高中招生工作的补充意见》（嘉教基〔2018〕30 号）都做了明确的要求与指示，即引进综合素质评价，关注学生过程成长，并将其量化为一定的分值计入中考总分。

评价的结果既是初中阶段毕业的依据，又可作为高中阶段学校招生的参考。初中阶段的综合素质评价与高中阶段的评价一脉相承，且充分考虑了初中学生的心智水平和发展阶段。在学生三年初中学习生涯中，从"品德表现、运动健康、艺术素养、创新实

践"四个维度给予持续、科学、客观、公正的过程性评价,让家长与老师能在第一时间发现孩子的短板和强项,适时给予纠正和激励,促进学生健康成长与全面发展。

(二) O2O 模式下学生综合素质评价平台的运用实践

O2O,是 Online To Offline 的缩写,即线上到线下,是指将线下的商务机会与互联网结合,让互联网成为线下交易的平台。学校借助 O2O 模式,建构学生综合素质评价线上平台,师生和家长利用平台,依据评价标准,适时对学生活动进行写实性记录和过程性评价。

利用网络技术、O2O 技术支撑学生综合素质评价过程性记录工作,从实践操作的过程来看,实施学生综合素质评价是落实立德树人根本任务,促进学生全面健康发展的重要举措。综合素质评价是培育学生良好品行、发展学习能力及个性特长的重要手段。

综合素质评价有利于促进学生核心素养的培育;有利于学校把握学生成长规律,全面实施素质教育;有利于促进评价方式改革,转变以考试成绩为唯一标准评价学生的做法;能满足提升教育教学管理水平、提高学校教育质量的实际需求。实施综合素质评价,也是为了解决学校在发展中遇到的学生管理、质量提升等实际困难,通过实施学生综合素质评价,充分发挥评价的诊断改进、激励指导功能,有效助力学校提升教育管理水平,提高教育教学质量。

学校结合"五向"课程体系与"五向少年"纬度进行评价数据管理、维护,将学生校内、校外活动等数据计入平台进行数据整理。

表 4-2 综合素质评价各纬度核算表——品德表现评价标准

序号	项目	考核标准(以《中学生日常行为规范》为依据)	考核
1	社会责任感	1. 维护国家荣誉,尊敬国旗、国徽,会唱国歌,升降国旗、奏唱国歌时要肃立、脱帽,行注目礼,少先队员行队礼。 2. 讲究卫生,养成良好的卫生习惯。不随地吐痰,不乱扔废弃物。 3. 爱惜名誉,拾金不昧,抵制不良诱惑,不做有损人格的事。 4. 见义勇为,敢于斗争,对违反社会公德的行为要进行劝阻,发现违法犯罪行为及时报告。 5. 认真值日,保持教室、校园整洁优美。不在教室和校园内追逐、打闹、喧哗,维护学校良好秩序。	班长 副班长 纪律委员 学习委员

序号	项目	考核标准（以《中学生日常行为规范》为依据）	考核
2	诚实守信	1. 平等待人，与人为善。尊重他人的人格、宗教信仰、民族风俗习惯。谦恭礼让，尊老爱幼，帮助残疾人。 2. 诚实守信，言行一致，答应他人的事要做到，做不到时表示歉意，借他人钱物要及时归还。不说谎，不骗人，不弄虚作假，知错就改。	
3	合作友善	1. 上课专心听讲，勤于思考，积极参加讨论，勇于发表见解。 2. 对家长有意见要有礼貌地提出，讲道理，不任性，不耍脾气，不顶撞。	
4	自尊自信	1. 穿戴整洁，朴素大方，不烫发，不染发，不化妆，不佩戴首饰，男生不留长发，女生不穿高跟鞋。	
5	遵守纪律	1. 举止文明，不说脏话，不骂人，不打架，不赌博。不涉足未成年人不宜的活动和场所。 2. 情趣健康，不看色情、凶杀、暴力、封建迷信的书刊、音像制品，不听不唱不健康歌曲，不参加迷信活动。 3. 按时到校，不迟到，不早退，不旷课。 4. 认真值日，保持教室、校园整洁优美。不在教室和校园内追逐打闹喧哗，维护学校良好秩序。 5. 爱护校舍和公物，不在黑板、墙壁、课桌、布告栏等处乱涂改刻画。借用公物要按时归还，损坏东西要赔偿。 6. 遵守宿舍和食堂的制度，爱惜粮食，节约水电，服从管理。 7. 遵守国家法律，不做法律禁止的事。 8. 遵守交通法规，不闯红灯，不违章骑车，过马路走人行横道，不跨越隔离栏。 9. 遵守公共秩序，乘公共交通工具主动购票，给老、幼、病、残、孕及师长让座，不争抢座位。 10. 爱护公用设施、文物古迹，爱护庄稼、花草、树木，爱护有益动物和生态环境。 11. 遵守网络道德和安全规定，不浏览、不制作、不传播不良信息，慎交网友，不进入营业性网吧。 12. 珍爱生命，不吸烟，不喝酒，不滥用药物，拒绝毒品。不参加各种名目的非法组织，不参加非法活动。 13. 公共场所不喧哗，瞻仰烈士陵园等相关场所保持肃穆。 14. 观看演出和比赛时不起哄滋扰，做文明观众。	
6	人生态度	1. 正确对待困难和挫折，不自卑，不嫉妒，不偏激，保持心理健康。 2. 生活节俭，不互相攀比，不乱花钱。 3. 学会料理个人生活，自己的衣物用品收放整齐。 4. 生活有规律，按时作息，珍惜时间，合理安排课余生活，坚持锻炼身体。 5. 经常与父母交流生活、学习、思想等情况，尊重父母的意见和教导。 6. 外出和到家时，向父母打招呼，未经家长同意，不得在外住宿或留宿他人。 7. 体贴帮助父母长辈，主动承担力所能及的家务劳动，关心照顾兄弟姐妹。	

续表

序号	项目	考核标准(以《中学生日常行为规范》为依据)	考核
7	礼貌待人	1. 尊重教职工,见面行礼或主动问好,回答师长问话要起立,给老师提意见态度要诚恳。 2. 同学之间互相尊重、团结互助、理解宽容、真诚相待、正常交往,不以大欺小,不欺侮同学,不戏弄他人,发生矛盾多做自我批评。 3. 使用礼貌用语,讲话注意场合,态度友善,要讲普通话。接受或递送物品时要起立并用双手。 4. 未经允许不进入他人房间,不动用他人物,不看他人信件和日记。 5. 不随意打断他人的讲话,不打扰他人学习工作和休息,妨碍他人要道歉。 6. 上、下课时起立向老师致敬,下课时,请老师先行。 7. 待客热情,起立迎送。不影响邻里正常生活,邻里有困难时主动关心帮助。	
8	学习态度	认真预习、复习,主动学习,按时完成作业,考试不作弊。	
学期加分		1. 教务处、德育处、年级部通报表扬(正式文件盖章有效)。 2. 获得"五向少年"(单项)。 3. 参加学校各级各类组织的公益劳动(学生会干部、值周生、社区服务、志愿者活动、校园岗位体验、广播员等)。 4. 评为校级三好学生、校级优秀学生干部。	

补充说明:

为了培养同学们自觉遵守学校纪律的意识,养成良好的行为习惯,相互监督,共同提高,特制定本规定,希望全体同学认真遵守。

1. 在初中学习期间,因严重违反《东北师范大学南湖实验学校学生纪律处分条例》《东北师范大学南湖实验学校住宿生守则》受到学校纪律处分累计三次及以上的,在综合素质评价中直接记为E等。该项三年累计计算,德育处保留相关材料。
2. 被学校处分(正式文件)警告处分以上该学期品德表现不得为A。
3. 一票否决办法:在初中学习期间,因违法犯罪受到公安机关处罚的,在综合素质评价中直接记为E等。德育处须取得公安机关的相关证明材料,并保存档案。受到公安部门法律处罚包括:公安机关调解、罚款、拘留、判刑。

表4-3　综合素质评价各纬度核算卷——运动健康考核维度及标准(共40分)

维度	要素	主要行为表现	评分标准
课堂常规 (5分)	1. 上课出勤 2. 上课请假 3. 课堂表现	1. 上课不迟到 2. 无重大伤病不请假 3. 上课遵守纪律、态度认真、注意听讲、认真练习	1. 上课无故迟到扣0.5分/次 2. 上课请假2次以上,扣0.5分/次(特大伤病除外) 3. 上课不认真听讲,扰乱课堂秩序,按记载为准扣1分/次

维度	要素	主要行为表现	评分标准
心理健康 （5分）	总体心理健康水平：心理适应性（七年级）；人际关系（八年级）；情绪类型、学生心理素质测试（九年级）	完成心理适应性量表测评；完成一般人际关系测试及情绪类型测试；完成中学生心理健康测试及学生心理素质测试	每个年级根据不同量表维度，进行数据分析。依据分析结果进行等级扣分，每降低一个等级扣1分
学科特长 （5分）	1. 运动竞赛（区级比赛、市级及以上比赛） 2. 特色活动（校级比赛、体育俱乐部、特殊贡献）	1. 积极参加区级及以上比赛（参加市级及以上比赛直接加5分） 2. 积极参加校级举行的各类比赛活动 3. 参加体育俱乐部活动并被评为星级学员 4. 为学校体育活动做出特殊贡献	1. 参加区级比赛未获奖者加2分 2. 区级比赛获奖按名次分别加5分（前三名）、4分（四、五、六名）、3分（七、八名） 3. 积极参加校级比赛加1分/次 4. 参加体育俱乐部活动，按被评星级分别加3分（三星级）、2分（二星级）、1分（一星级） 5. 入选校活动并参与组织和执行的，按时间或次数分别加1—2分 （备注：运动竞赛和特色活动分数可以累加，但最高为5分）
学科测试 （25分）	1. 学科期末测试（15分） 2. 国家学生体质健康标准测试（第二学期沿用第一学期测试成绩）（10分）	1. 测试实际成绩 2. 具备良好的身体素质，体育成绩达到《国家学生体质健康标准》的要求	1. 实际测试成绩乘以15％记为期末成绩 2. 以国家学生体质健康测试数据库生成成绩为准 3. 国家数据库生成成绩优秀得10分，良好得8分，合格得7分，合格以下得6分

表 4-4　综合素质评价各纬度核算表——创新实践评价标准(共 30 分)

维度	评价标准
社会实践 七年级 （10分）	1. 积极参加假期社会实践活动，并能认真完成实践任务者得3分；参加假期社会实践活动但没有完成实践任务者得2分。 2. 积极参加学校组织的实践活动者得2分；不够积极者得1分。 3. 积极参加社区、团支部等组织的各类志愿者活动者每次加0.5分。 4. 以上各类活动可累计得分，同一项目按最高分计分，总分不超过5分。 5. 没有参加任何实践活动或志愿者活动等的由班主任酌情给分。

续表

维度		评价标准
研究性学习 八年级 （10分）		1. 自主研究小课题，撰写小论文等并获得奖项得5分（以证书为准，下同）；自主研究小课题，撰写小论文等有成果但没有获得任何奖项得4分。 2. 具有创造发明精神，有创新性的作品设计和制作等并获得奖项得5分；具有创造发明精神，有创新性的作品设计和制作等但没有获得任何奖项得4分。 3. 以上各类奖项可累加，如果同一奖项，参照最高奖项得分，总分不超过5分。 4. 没有任何研究性学习的作品与成果，由班主任酌情给分。 （以上由班主任在每学期期末根据学生所提供的实证材料计分）
科学实验 九年级 （10分）		1. 积极参加科学实验操作，并能规范操作者得5分；积极参加科学实验操作，但动作不规范的得4分。 2. 积极进行科学实验探究，并具有一定成果的得5分；积极进行科学实验探究，成果不明显的得4分。 3. 以上各类奖项可累加，如果同一奖项，参照最高奖项得分，总分不超过5分。 4. 没有进行科学实验探究和参加科学实验操作的，由创新实践评价小组酌情给分。 （以上由科学教师计分，负责记录）
信息技术 （10分）	课堂表现 （2分）	1. 信息技术课不无故旷课、缺课、请假。 2. 遵守上课时间，不无故迟到、早退、中途离开。 3. 不违反课堂纪律，听从信息技术教师的指挥。 4. 上课积极发言，回答老师的问题。 5. 学练信息技术刻苦努力，不怕吃苦。 （本项共五条，每条违反扣0.1/次，扣完1分为止）
	学科活动 （2分）	1. 积极参加各级信息技术活动。 2. 积极参加校信息技术社团活动。
	学科特长 （2分）	1. 代表学校参加县及以上比赛者得2分。（以证书为准，下同） 2. 参加学校组织的信息技术技能比赛获得前三名得2分；其他名次的得1.5分；参加了但不得名次的得1分。 3. 以上各类奖项可累加，如果同一奖项，参照最高奖项得分，总分不超过2分。 4. 没有参加任何信息技术类比赛的由创新实践评价小组酌情给分。 （以上由信息技术教师计分，负责记录）
	学科测试 （4分）	信息技术期末评定优秀得4分；良好得3分；合格得2分；不合格得1分。

维度		评价标准
劳动技术 （10分）	课堂表现 （2分）	1. 劳动技术课不无故旷课、缺课、请假。 2. 遵守上课时间，不无故迟到、早退、中途离开。 3. 不违反课堂纪律，听从劳动技术教师的指挥。 4. 上课积极发言，回答老师的问题。 5. 学练劳动技术刻苦努力，不怕吃苦。 （本项共五条，每条违反扣 0.1/次，扣完 1 分为止）
	学科活动 （2分）	1. 积极参加各级劳动技术活动。 2. 积极参加校劳动技术社团活动。
	学科特长 （2分）	1. 代表学校参加县及以上比赛者得 2 分。（以证书为准，下同） 2. 参加学校组织的劳动技术技能比赛获得前三名得 2 分；其他名次的得 1.5 分；参加了但不得名次的得 1 分。 3. 以上各类奖项可累加，如果同一奖项，参照最高奖项得分，总分不超过 2 分。 4. 没有参加任何劳动技术类比赛的由创新实践评价小组酌情给分。 （以上由劳技教师计分，负责记录）
	学科测试 （4分）	劳动技术期末评定优秀得 4 分；良好得 3 分；合格得 2 分；不合格得 1 分。

评价采取过程记录、测评结合、民主评议等方式开展，具体通过"每周情况记载→每月具体考核→学期折算汇总"的方式每学期对学生的品德表现、运动健康、艺术素养、创新实践四个维度，以班级为单位，采取学生自评、学生互评和教师评议相结合的方式进行评定。

形成学期评价结果作为学生评先评优依据，根据上级部门文件精神，对毕业班学生进行评价，按照一定比例折算成中考分数计入中考总分，参与高中录取。将综合素质评价计入中考总分，其中 A 等赋分分值为 20 分，B 等赋分分值为 17 分，C 等赋分分值为 15 分，E 等赋分分值为 12 分。

三、 评价，让每个学生成为最好的自己

在"五向同心，智慧未来"的课程指引下，学校在学生评价上形成了以下共识：一

是不用成绩好和坏的简单标准评价学生；二是鼓励学生"五育并举"，全面发展；三是充分尊重和发展学生个性，培养个性优长、善于创造的"五向少年"。

（一）"向美少年"评价标准

"向美少年"标准包括运动健康、艺术审美、良好习惯。

第一，运动健康。主要反映学生体育与健康课程的修习情况、体育运动方面的特长发展和心理品质的发展水平等，包括学生健康生活方式、体育锻炼习惯、身体机能、运动技能、体育兴趣和情绪调控、承受挫折、适应环境、克服困难去解决实际问题的能力等情况。重点关注学生参加"国家学生体质健康标准"测试结果、参加日常体育锻炼与各级各类体育竞赛及各类心理健康教育活动。

第二，艺术审美。主要反映学生对艺术的审美感受、理解、鉴赏和表现能力，反映学生的音乐与美术课程修习情况及艺术特长发展等。重点是参与音乐与美术课程过程性评价，学业考查，各级艺术活动展演、比赛以及艺术兴趣及特长等情况。

第三，良好习惯。模范遵守《中学生守则》《中学生日常行为规范》《东北师大南湖实验学校住校生活手册》《东北师范大学南湖实验学校"五向"学生发展目标之好习惯标准》《东北师范大学南湖实验学校学生综合素质评价实施办法》。

（二）"向善少年"评价标准

"向善少年"标准包括与他人、与社会、与自然、与文化的善良态度与担当。其中，"与他人"的态度包括与他人为善，培植团结、合作、互助的精神；"与社会"的态度中包括对家乡、祖国、世界乃至人类未来的深厚情感和初步责任感；"与自然"的态度包括与自然为善，加强生态文明建设，坚持人与自然和谐共生；"与文化"的态度就是坚持社会主义核心价值观，继承发扬中华民族优良传统文化，并且以理解和包容的态度认识不同国家、不同地区的文化特质。

（三）"向上少年"评价标准

"向上少年"标准包括乐学、会学、学会、恒学四个层面。具体分三种类型。一是学习进步型：学习态度端正，在班级中起到一定的模范带头作用，学习成绩进步显著。

二是学习得法型：能及时总结科学的学习方法并主动传播。三是学习坚持型：具有胜不骄败不馁的精神品质，具备持久的学习动力和表现。

(四)"向真少年"评价标准

"向真少年"标准要求学生具有初步崇文、重理、跨界、贯通的思想和行动，知识面广，或者在某个和某些领域研究比较深入，有独到见解，并能融合多学科知识解决真实问题的能力。

(五)"向新少年"评价标准

"向新少年"标准要求学生具有善于动脑质疑、动情合作、动口表达、动身实践的良好品质和行动，具体表现为能承担学校团委、学生会、班干部等工作，在班级各项活动中有创造能力、创新意识；在班级黑板报、科技创新活动、信息技术制作、征文活动等中具有很好的创新实践能力；能起到积极带头作用，引领同学参加社会实践、志愿者活动和劳动教育等。

(六)"五向少年"评价标准

同时达到"向美的身心、向善的品格、向上的学力、向真的学识、向新的行动"等"五向标准"的学生可被评为"五向少年"，一般在小学六年级和初中九年级评选。

"多一把尺子，就多一批好学生。"许多好学生是评价的结果。具有怎样的评价观？怎样评价学生？其实也是教师的教育观、价值观、人生观的体现。多元化评价以促进学生全面发展、持续发展、自主发展，是一线教师应有的评价观。无论什么样的学生，以什么方法、态度去对待学习，我们老师都应该及时地、全面地、多元地对学生进行评价与鼓励，使学生在科学评价中更加自信，展现最好的自己。

第五章

从制度走向文化：学校课程管理的保障

学校课程变革不仅需要学校组织、制度、财力等方面的保障，最根本的是需要学校的研究氛围、激励机制和学校文化上的全域渗透，需要用文化的力量去推动学校课程的有效落地。

课程的本质是文化，是浸润在学校、师生中的特殊文化。从课程开发到课程实施，从课程目标到课程内容，从课程管理到课程评价，所有这些环节和要素要想顺利进行，不仅要有学校组织、制度、财力等方面的保障，最根本的是需要学校的研究氛围、激励机制和学校文化上的全域渗透，用文化的力量去保障学校课程的有效落地和实施。

一、 校长挂帅，课题引领

校长刘学兵博士亲自挂帅"五向"课程的研发，使东师南湖校课程研发具备了引领性、专业性、创新性和辐射性，使"五向"课程的研发有了学校行政力的助推，使"五向"课程真正落实到了课堂教学中。

(一) 校长挂帅提升课程研发的引领性

东北师范大学所创办的附属中小学一直坚持走"教育家的办学路线"。东北师范大学南湖实验学校现任校长刘学兵博士，是教育部第三批"国培计划"专家，省级领军人才，省级科研型名校长，特级教师，正高级教师；著有《王希天生平与思想研究》《建构有生命力的历史新课堂》《建设一所面向未来的智慧学校》等多部著作，参加国家级新课标初、高中历史教材的编写工作，先后主持浙江省教育科学规划课题和重点课题项目《基于核心素养的"五向"课程建构与实践研究》《聚核跨界："五向"课程深度实施再研究》；在《中国教育报》《人民教育》等国家顶尖教育媒体和核心期刊公开发表学术论文二十余篇。

校长刘学兵博士亲自挂帅，自上而下地引领学校的课程研发，调动了高校和地方的资源参与"五向"课程的建构与实施，使得学校的课程建设能够真正地逐级得到贯彻实施。

(二) 校长挂帅增强课程研发的专业性

在"五向"课程的研发与实施过程中，校长刘学兵博士逐步将"五向"课程推向一些重大的学术场合，通过一系列专业的平台来交流与探讨课程的研发，助推"五向"课程研发的专业性。

2016 年 12 月 7 日,来自全国 33 个省(自治区、直辖市)的 1500 多位参会嘉宾齐聚上海,共同拉开以"新情境、新社群、新评价、新工具"为主题的第三届中国教育创新年会序幕。年会以"重构学习"为主旨,追求"用设计改变教育,以教育设计未来"的教育理想。本次年会历时两天半,共有 20 余位国内外知名教育专家受邀参加大会并做演讲。东北师大南湖实验学校校长、特级教师、正高级教师刘学兵博士受邀参加了本届年会,并做了《"五向"课程,跨界贯通》的主旨演讲。"五向"课程作为学校的发展特色,得到了与会专家和代表的高度认可。

2017 年 9 月 30 日,东北师范大学南湖实验学校迎来了揭牌五周年庆典,学校以"聚焦核心素养建构'五向'课程"为主题,共同研讨如何将核心素养进行课程化实施。校长刘学兵博士做了《聚焦核心素养,建构"五向"课程》的报告。国家教育部中学校长培训中心主任代蕊华教授做了《教育变革与教育提升》的报告。嘉兴教育学院党委书记、院长陆福根做了《对课程改革的思考》的报告。东北师大教育学部部长吕立杰教授做了《核心素养的课程教学转化》的报告。

2018 年 11 月 18 日至 19 日,第三届全国中小学品质课程研讨会在南京市玄武区举行。校长刘学兵博士亲赴南京参会并做报告。本次大会的主题是"走向学科深处的课程变革",来自全国各地的课程领域专家、教育行政领导以及一线学校校长、骨干教师约 2000 余人参加了会议。会议对第二批全国品质课程联盟实验学校进行了授牌。我校从全国 200 多所学校中脱颖而出,被授牌"品质课程实验学校"。我校成为嘉兴市第一所、浙江省第二所获此殊荣的学校。

2018 年 11 月 19 至 20 日,第一届"学习素养·项目化学习峰会"在上海徐汇区举行。本次峰会为第一届学习素养全国案例征集与评选活动中获奖的学校和个人进行了颁奖。在评选中,东师南湖校被评为"优秀组织学校",张玉芳副校长的案例获国家一等奖,陆惠芳老师的案例获国家三等奖,高洪蕾、马丽、凌菲老师的案例获得优秀奖。作为优秀组织奖获得单位,东北师范大学南湖实验学校受邀参加此次峰会论坛。小学部副校长、项目课题组负责人张玉芳和项目课题组教师代表宋依依应邀参会。会上,主办方为优秀组织奖和一等奖获得者颁奖,张玉芳副校长上台领奖。作为"五向"课程重要的跨界项目之一,PBL 项目式学习的获奖进一步提升了"五向"课程的影响力。

这些重要的学术场合,校长刘学兵博士大多亲自参加,对"五向"课程的建构与实施进行介绍和研讨，与课程建设领域的专家交换意见。这些专业性的平台使"五向"课程的建设不但有学校的实践，还有专业性的指引。"五向"课程成为既具备实践性又具备理论性的课程体系。

（三）校长挂帅注重课程研发的创新性

校长刘学兵博士在引领课程建构与实施的过程中，认识到课程建设不能流于平庸，必须注重课程建设的创新性。只有创新才能解决传统课程中的问题，只有创新才能推动课程的真正实施，只有创新才能创建立足当下、面向未来的课程体系。

一是理念创新：聚焦核心素养，课程研发接天线。突破基础教育课程校本化开发零散或理论基础薄弱的现状，创新课程开发理念——聚焦核心素养。紧随国家最新导向，培养与时俱进的学子。突破"学科分化、个性化学习弱、课后辅导成风、小初衔接弱"的教改瓶颈，创新开发出"跨学科疆界、跨课堂间界、跨学段边界"的"跨界"课程实施理念，实现课程跨界贯通。

二是实施创新：实现跨界贯通，课程实施新样态。"五向"课程深度实施创新出有别于班级授课制的三种课程实施方式：跨学科疆界的"五自"项目化学习系统、跨课堂间界的 BYOD 精准教学、跨学段边界的"立体化"贯通式学习，并在九年一贯制学校中积极实践，使学生全面发展，社会广泛认可。

三是保障创新：线上线下结合，课程保障有力度。首先，创新研究团队，激发研发力。设立首席教师制度，研发核心课程，创编校本学材，落实课程实施。首席教师是指在学校教师中师德高尚、业务精湛、学识渊博、业绩出众、成果显著并能起引领和示范作用的教育教学拔尖人才和专家，是教育教学改革的领跑者和引导者，是学校教师中的典型和品牌资源。首席教师认领核心课程，带领核心团队进行课程的开发与实施。其次，创新课程实施空间，保障实施力。建设"七大中心"，有效布局课程空间。智慧空间是学校课程落地实施的基本保障。学校遵循建构主义教育观，把教育视为生命体验的过程，倡导体式学习，建设了"七大中心"，让学生充分参与体验教育的全过程，在体验与感悟中智慧成长。"七大中心"包括：体育健康中心、艺术共享中心、心理支持中心、科技创新中心、阅读赏析中心、学科活动中心、国学普及中心。再次，创新在线平台，智能管理课程评价。创新在线平台是学校课程落地实施的技术支撑。建立全方位、立体化的 O2O 课程管理和评价模式，使教师、学生和家长在任何时间、任何地点进行管理、学习和评价，逐渐形成电子学生证、智慧校园平台、数字化课程、在线学习、在线辅导、在线评价等多种教育方式，探索出学生成长全程记录、学习过程全程捕捉、学生思维全程留痕等大课程管理评价模式。

"五向"课程评价写实记录，学生、班主任、任课教师都有各自的评价账号，根据自己的权限，对学生进行评价，当所有的评价主体都完成评价后，系统会自动生成每个学生的"五向"课程评价报告，学校以此评出每学期的不同向度的"五向少年"，在结业典礼中予以表彰。

（四）校长挂帅形成课程研发的辐射性

"五向"课程深度实施以来，取得了众多的成果，在基础教育界取得了初步的影响力。嘉兴市内大量兄弟学校前来了解与调研"五向"课程的实施。东师南湖校还受到了众多兄弟学校的邀请，介绍"五向"课程研发与实施情况。为了让学校的"五向"课程成为基础教育课程研发的样本，校长刘学兵博士亲自在全国范围内推介"五向"课程。"五向"课程深度实施以来，学校接待了国内教育局、学校访问团百余次参访，已经被市区教育局定为课程访问校，仅 2018 年就有来自吉林省、四川省、浙江省、湖南省、陕西省、福建省、山东省、江西省、辽宁省、上海市、海南省、广东省等 10 余省的课程参访团队来校参观学习"五向"课程实施情况。更有美国、新加坡、芬兰等国外师生来校参观学校的课程文化。

二、 激励教师，研培结合

百年大计，教育为本；教育大计，教师为本。东北师范大学坚持传承红色基因，扎根中国大地，坚持立德树人，深化教育改革。"红色东师"始终如一地坚持"国家的需要就是办学选择"，并将之作为自己的时代使命与历史担当。坚持党对高校的领导，为党和国家培养一批又一批具有创新精神与实践能力的社会主义建设者和接班人。东北师范大学南湖实验学校坚持东北师范大学红色传统，溯源"红色东师"教师队伍建设，这是学校"红师链训"的背景与源头。

（一）"红师"课程目标

东师南湖校提出的以"仁爱、专业、学术、创新"为核心素养的"四品师风"培养目标，既符合东北师范大学的学术背景和"创造的教育"理念，更是传承了"红船精神"的思想内涵。其中"仁爱"对应的是"奉献精神"，"专业""学术"对应的是"奋斗精神"，"创新"对应的是"首创精神"。培养目标是通过课程目标来达成的。学校结合实际，具化制定了"新苗、新锐、特色、标兵、首席"链式课程群阶梯式目标。

表 5-1　教师培养链式课程群阶梯式目标

课程设置	基本素养	课程模组	课程模块	课程目标
"新苗"课程群	仁爱	德研	职业道德与法规(师德)	1. 贯彻党和国家教育方针政策，遵守教育法律法规。 2. 具有良好职业道德修养，为人师表。 3. 理解中小学教育工作的意义，热爱中小学教育事业，具有职业理想和敬业精神。
			德育	1. 关爱、尊重、信任中小学生。重视中小学生身心健康，将保护中小学生生命安全放在首位。 2. 认同中小学教师的专业性和独特性，注重自身专业发展。学习班级管理。 3. "师道杯"比赛获奖。入职第一年德研过关。
	专业	教研	课程	1. 在指导教师指导下，合作开发组级课程。 2. 在指导教师指导下，合作开设组级课程。
			课堂	1. 能独立解读并分析教材，准确把握教材知识。了解所在学段学生的基本特点。 2. 能模仿优秀教师，合格地完成全课型的教学。 3. "师业杯"比赛获奖。入职第二年教研过关。入围区"新苗预备队"。
	学术	科研	阅读	1. 智桥泛书海，慧园溢芳香。书籍阅读每学年 6 本以上。 2. 专业阅读课标、"南湖教育科研"报告。 3. "悦读者"微信读书推荐。
			写作	1. 每学年撰写 1 篇论文，组级以上交流。 2. 每学年参加研究 1 项课题，组级以上交流。 3. "师学杯"比赛获奖。入职第三年科研过关。

续表

课程设置	基本素养	课程模组	课程模块	课程目标
"新锐"课程群	创新	创研	技才	1. 钢笔字、毛笔字、粉笔字和普通话等教学基本功扎实。 2. 具备教授"体育、艺术2+1项目"的一项体育技能，球、舞等。 3. 具备教授"体育、艺术2+1项目"的一项艺术才艺，琴、棋、书、画、唱、诵等。
			新技术	1. 掌握电子白板的使用法，掌握制作PPT、录播微课的方法。 2. 掌握"之江汇"等平台、APP的操作方法。 3. "师创杯"比赛获奖。入职第四年创研过关。
	仁爱	德研	职业道德与法规	1. 贯彻党和国家教育方针政策，遵守教育法律法规。 2. 具有良好的职业道德修养，为人师表。 3. 理解中小学教育工作的意义，热爱中小学教育事业，具有职业理想和敬业精神。
			德育	1. 关爱、尊重、信任中小学生。重视中小学生身心健康，将保护中小学生生命安全放在首位。 2. 认同中小学教师的专业性和独特性，注重自身专业发展。独立开展班级管理。 3. "师道杯"比赛获奖。
	专业	教研	课程	1. 合作开发校级课程。 2. 独立开设校级课程。
			课堂	1. 能科学地、系统地把握学科知识的结构和体系。 2. 能把握学情，并据此对优秀教师的教学进行改进，胜任全课型教学。 3. 能熟练运用基本的教法和学法。能科学设计和运用现代教学媒体。 4. "师业杯"比赛获奖。入围区"新锐、能手预备队"。
	学术	科研	阅读	1. 智桥泛书海，慧园溢芳香。书籍阅读每学年6本以上。 2. 专业阅读课标、教育信息资料。 3. "悦读者"微信读书推荐。
			写作	1. 每学年撰写1篇论文，校级以上交流。 2. 每学年参加研究1项课题，校级以上交流。 3. "师学杯"比赛获奖。

续表

课程设置	基本素养	课程模组	课程模块	课程目标
"特色"课程群	创新	创研	技才	1. 钢笔字、毛笔字、粉笔字和普通话等教学基本功扎实。 2. 具备教授"体育、艺术 2＋1 项目"的一项体育技能,球、舞等。 3. 具备教授"体育、艺术 2＋1 项目"的一项艺术才艺,琴、棋、书、画、唱、诵等。
			新技术	1. 掌握使用电子白板、制作 PPT、录播微课的方法。 2. 掌握"之江汇"等平台、APP 的操作方法。 3. "师创杯"比赛获奖。
	仁爱	德研	职业道德与法规	1. 贯彻党和国家教育方针政策,遵守教育法律法规。 2. 具有良好的职业道德修养,为人师表。 3. 理解中小学教育工作的意义,热爱中小学教育事业,具有职业理想和敬业精神。
			德育	1. 关爱、尊重、信任中小学生。重视中小学生身心健康,将保护中小学生生命安全放在首位。 2. 认同中小学教师的专业性和独特性,注重自身专业发展。艺术地管理班级。 3. "师道杯"比赛获奖。
	专业	教研	课程	1. 合作开发区级课程。 2. 独立开设区级课程。
			课堂	1. 能形成一定的教育观点和教学主张。 2. 能全面、准确地驾驭课程内容体系。 3. 能自主进行全课型的优效教学设计并有效实施。 4. "师业杯"比赛获奖。入围区、市"学带预备队"。
	学术	科研	阅读	1. 智桥泛书海,慧园溢芳香。书籍阅读每学年 6 本以上。 2. 专业阅读课标、学科刊物。 3. "悦读者"微信读书推荐。
			写作	1. 每学年撰写 1 篇论文,区级以上交流。 2. 每学年参加研究 1 项课题,区级以上交流。 3. "师学杯"比赛获奖。

课程设置	基本素养	课程模组	课程模块	课程目标
"标兵"课程群	创新	创研	技才	1. 钢笔字、毛笔字、粉笔字和普通话等教学基本功艺化。 2. 熟练教授"体育、艺术2+1项目"的一项体育技能，球、舞等。 3. 熟练教授"体育、艺术2+1项目"的一项艺术才艺，琴、棋、书、画、唱、诵等。
			新技术	1. 熟练使用电子白板。掌握制作PPT、录播微课的方法。 2. 熟练操作"之江汇"等平台、APP。 3. "师创杯"比赛获奖。
	仁爱	德研	职业道德与法规	1. 贯彻党和国家教育方针政策，遵守教育法律法规。 2. 具有良好的职业道德修养，为人师表。 3. 理解中小学教育工作的意义，热爱中小学教育事业，具有职业理想和敬业精神。
			德育	1. 关爱、尊重、信任中小学生。重视中小学生身心健康，将保护中小学生生命安全放在首位。 2. 认同中小学教师的专业性和独特性，注重自身专业发展。班级管理的艺术能够校级推广。 3. "师道杯"比赛获奖。
	专业	教研	课程	1. 合作开发市级课程。 2. 独立开设市级课程。
			课堂	1. 能形成相对成熟的教育教学理念。 2. 能科学、完整地驾驭课程体系和学科核心素养。 3. 教学方法灵活，方式多元高效；能承担青年教师的培养工作。 4. "师业杯"比赛获奖。入围区、市"名师预备队"。
	学术	科研	阅读	1. 智桥泛书海，慧园溢芳香。书籍阅读每学年6本以上。 2. 专业阅读课标、课程论。 3. "悦读者"微信读书推荐。
			写作	1. 每学年撰写1篇论文，市级以上交流。 2. 每学年参加研究1项课题，市级以上交流。 3. "师学杯"比赛获奖。

续表

课程设置	基本素养	课程模组	课程模块	课程目标
	创新	创研	技才	1. 钢笔字、毛笔字、粉笔字和普通话等教学基本功艺化。 2. 熟练教授"体育、艺术 2＋1 项目"的一项体育技能，球、舞等。 3. 熟练教授"体育、艺术 2＋1 项目"的一项艺术才艺，琴、棋、书、画、唱、诵等。
			新技术	1. 熟练使用电子白板、制作 PPT、录播微课。 2. 熟练操作"之江汇"等平台、APP。 3. "师创杯"比赛获奖。
"首席"课程群	仁爱	德研	职业道德与法规	1. 贯彻党和国家教育方针政策，遵守教育法律法规。 2. 具有良好的职业道德修养，为人师表。 3. 理解中小学教育工作的意义，热爱中小学教育事业，具有职业理想和敬业精神。
			德育	1. 关爱、尊重、信任中小学生。重视中小学生身心健康，将保护中小学生生命安全放在首位。 2. 认同中小学教师的专业性和独特性，注重自身专业发展。班级管理的艺术能够区级推广。
	专业	教研	课程	1. 合作开发省级课程。 2. 独立开设省级课程。
			课堂	1. 能形成系统性、理论性教育教学理念，教学走向艺术化。 2. 能引领学科课程与教学的发展方向。 3. 能指导青年教师参加大型教研活动。
	学术	科研	阅读	1. 智桥泛书海，慧园溢芳香。书籍阅读每学年 6 本以上。 2. 专业阅读课标、名师专著。
			写作	1. 每学年撰写 1 篇论文，省级以上交流。 2. 每学年参加研究 1 项课题，省级以上交流。
	创新	创研	技才	1. 钢笔字、毛笔字、粉笔字和普通话等教学基本功艺化。 2. 艺化教授"体育、艺术 2＋1 项目"的一项体育技能，球、舞等。 3. 艺化教授"体育、艺术 2＋1 项目"的一项艺术才艺，琴、棋、书、画、唱、诵等。
			新技术	1. 艺化使用电子白板、制作 PPT、录播微课。 2. 艺化操作"之江汇"等平台、APP。

(二)"红师"课程体系

"红师"课程，即在教师专业标准指导下，建构以"仁爱、专业、学术、创新"等基本素养为培养目标，通过四维课程模组、八个课程模块、五个课程群来达成培养目标的教师培训课程。

四维课程模组为德研模组、教研模组、科研模组、创研模组，分别对应"仁爱、专业、学术、创新"基本素养。每个模组包含两个模块。

五个课程群根据教师成长发展规律，分别对应培养初任教师、合格教师、成熟教师、骨干教师、专家教师五个发展阶段的教师。

学校将区培及以上课程纳入学校课程体系中，架构了符合学校和教师需求的五个层级的课程群，即"新苗"课程群、"新锐"课程群、"特色"课程群、"标兵"课程群、"首席"课程群，分列成必修课程、普修课程、选修课程三大类。

表5-2 教师校本培训课程群

课程设置	基本素养	课程模组	课程模块	课程内容				
				区培	校培	必修	普修	选修
"新苗"课程群	仁爱	德研	职业道德与法规(师德)	每学年10学分	1. 政策法规课程。每月第一个周五年级组会议、第三个周五党员会议、党课	必修		
					2. 职业道德课程。每月第一个周五年级组会议、第三个周五党员会议、党课	必修		
					3. 理念标准课程。每月第一个周五年级组会议、第三个周五党员会议、党课	必修		
			德育		4. 每月第一个周五班主任会议			选修
					5. 德研过关课；"师道杯"			选修
	专业	教研	课程		6. 合作开发组级课程			选修
					7. 独立开设组级课程			选修
			课堂	每学年48学分	8. 学科组活动		普修	
					9. 见面课、教研过关课、"师业杯"			选修

课程设置	基本素养	课程模组	课程模块	课程内容			必修	普修	选修
				区培	校培				
"新锐"课程群	学术	科研	阅读		10. 书籍阅读每学年 6 本			普修	
					11. 专业阅读"师学杯"			普修	
					12. "悦读者"微信读书推荐				选修
			写作		13. 每学年 1 篇论文；"师学杯"			普修	
					14. 每学年 1 项课题；"师学杯"			普修	
	创新	创研	技才		15. 三笔字比赛；"师创杯"				选修
					16. 普通话比赛；"师创杯"				选修
			新技术		17. 微课比赛；"师创杯"				选修
	仁爱	德研	职业道德与法规	每学年10学分	1. 政策法规课程。每月第一个周五年级组会议、第三个周五党员会议、党课		必修		
					2. 职业道德课程。每月第一个周五年级组会议、第三个周五党员会议、党课		必修		
					3. 理念标准课程。每月第一个周五年级组会议、第三个周五党员会议、党课		必修		
			德育		4. 每月第一个周五班主任会议				选修
					5. 德研过关课；"师道杯"				选修
	专业	教研	课程		6. 合作开发校级课程				选修
					7. 独立开设校级课程				选修
			课堂	每学年48学分	8. 学科组活动			普修	
					9. 见面课；教研过关课；"师业杯"				选修
	学术	科研	阅读		10. 书籍阅读每学年 6 本			普修	
					11. 专业阅读；"师学杯"			普修	
					12. "悦读者"微信读书推荐				选修
			写作		13. 每学年 1 篇论文；"师学杯"			普修	
					14. 每学年 1 项课题；"师学杯"			普修	

课程设置	基本素养	课程模组	课程模块	课程内容			必修	普修	选修
				区培	校培				
"特色"课程群	创新	创研	技才		15. 三笔字比赛；"师创杯"				选修
					16. 普通话比赛；"师创杯"				选修
			新技术		17. 微课比赛；"师创杯"				选修
	仁爱	德研	职业道德与法规	每学年10学分	1. 政策法规课程。每月第一个周五年级组会议、第三个周五党员会议、党课		必修		
					2. 职业道德课程。每月第一个周五年级组会议、第三个周五党员会议、党课		必修		
					3. 理念标准课程。每月第一个周五年级组会议、第三个周五党员会议、党课		必修		
			德育		4. 每月第一个周五班主任会议				选修
					5. 德研过关课；"师道杯"				选修
	专业	教研	课程		6. 合作开发区级课程				选修
					7. 独立开设区级课程				选修
			课堂	每学年48学分	8. 学科组活动			普修	
					9. 见面课；教研过关课；"师业杯"				选修
	学术	科研	阅读		10. 书籍阅读每学年6本			普修	
					11. 专业阅读；"师学杯"			普修	
					12. "悦读者"微信读书推荐				选修
			写作		13. 每学年1篇论文；"师学杯"			普修	
					14. 每学年1项课题；"师学杯"			普修	
	创新	创研	技才		15. 三笔字比赛；"师创杯"				选修
					16. 普通话比赛；"师创杯"				选修
			新技术		17. 微课比赛；"师创杯"				选修

课程设置	基本素养	课程模组	课程模块	课程内容		必修	普修	选修
				区培	校培			
"标兵"课程群	仁爱	德研	职业道德与法规	每学年10学分	1. 政策法规课程。每月第一个周五年级组会议、第三个周五党员会议、党课	必修		
					2. 职业道德课程。每月第一个周五年级组会议、第三个周五党员会议、党课	必修		
					3. 理念标准课程。每月第一个周五年级组会议、第三个周五党员会议、党课	必修		
			德育		4. 每月第一个周五班主任会议			选修
					5. 德研过关课、师道杯			选修
	专业	教研	课程		6. 合作开发市级课程			选修
					7. 独立开设市级课程			选修
			课堂	每学年48学分	8. 学科组活动		普修	
					9. 见面课；教研过关课；"师业杯"			选修
	学术	科研	阅读		10. 书籍阅读每学年6本		普修	
					11. 专业阅读；"师学杯"		普修	
					12. "悦读者"微信读书推荐			选修
			写作		13. 每学年1篇论文；"师学杯"		普修	
					14. 每学年1项课题；"师学杯"		普修	
	创新	创研	技才		15. 三笔字比赛；"师创杯"			选修
					16. 普通话比赛；"师创杯"			选修
			新技术		17. 微课比赛；"师创杯"			选修
首席课程群	仁爱	德研	职业道德与法规	每学年10学分	1. 政策法规课程。每月第一个周五年级组会议、第三个周五党员会议、党课	必修		
					2. 职业道德课程。每月第一个周五年级组会议、第三个周五党员会议、党课	必修		
					3. 理念标准课程。每月第一个周五年级组会议、第三个周五党员会议、党课	必修		

续表

课程设置	基本素养	课程模组	课程模块	课程内容			必修	普修	选修
				区培	校培				
			德育		4. 每月第一个周五班主任会议				选修
					5. "师道杯"评审				选修
专业		教研	课程		6. 合作开发省级课程				选修
					7. 独立开设省级课程				选修
			课堂	每学年48学分	8. 学科组活动			普修	
					9. "师业杯"评审				
学术		科研	阅读		10. 书籍阅读每学年6本			普修	
					11. 专业阅读			普修	
					12. "悦读者"微信读书推荐			普修	
			写作		13. 每学年1篇论文			普修	
					14. 每学年1项课题			普修	
创新		创研	技才		15. 三笔字比赛评审				选修
					16. 普通话比赛评审				选修
			新技术		17. 微课比赛评审				选修

（三）"红师"课程实施

1. 筑根"红师"基因

红色基因，是不忘初心、牢记使命的源泉所在，是秉承清风正气的信念所系。东师教师坚定理想信念，传承红色基因，扎下红师根基，筑建红师阵营。

基于两学一做，根据不同的党课题材，构建不同的"学古论今谈实践"党课课堂。固定每月第三周的周五下午是党员活动日，每学年10节课，每学期5节，1次"主动参与式"竞赛和4次"主动参与式"课堂。党章党规的学习采取"主动参与式"竞赛模式；党史、系列重要讲话精神，党的各级代表大会精神，先进的党员事迹等党课题材，构成"学古论今谈实践"党课课程，采取"主动参与式"党课形式进行。通过研发"党建云"平台，开发"智慧党建"APP，使每一位党员教师可以通过平台参与每一次党课，发表微感悟、微评论，并通过授课者的及时反馈，促进听课者们的主动参与，以鲜活的党课促进全体党员践行红船精神，自觉爱党、护党、为党，敬业修德。

创新师德教育，完善师德规范，开展立德树人"3＋X"职业道德与法规培训、十九大精神政治教育等；引导广大教师以德立身、以德立学、以德施教、以德育德，争做"四有"好教师的示范标杆。

2. 建设"红师"摇篮

打造特级教师工作室东师工作站、"红船领航·名师向党"名师工作舫、嘉兴科技城教育发展联盟工作室等，专家导师倾心授艺，结对徒弟学习描仿，亲师勤师，传承师艺。

进一步优化教师队伍的年龄结构、学历结构和学缘结构，稳定骨干教师队伍，造就拔尖人才，培养若干名在省内或全国有重大影响的具有"首创精神、奋斗精神、奉献精神"的学科带头人，形成和聚集一批在国际、国内有相当知名度的创新团队，建成一支整体水平较高、充满活力的适应学校事业发展需要的师资队伍。

培育一组一品特色学科组。学科组是学校组织实施教学管理和学科教学研究的基本单位，是教学创新的"孵化器"，加强学科组建设是提高教师专业化水平的重要前提。基于学校"项目课堂"学科特色建设，学科组梳理组内教师品质特点，发展组内教师品位特长，炼成组内教师品牌特色。在"三特进阶、向特而行"的过程中，育成特色教师，建成特色科组。

3. 选树"红师"先锋

评选校级"新苗教师、新锐教师、特色教师、标兵教师、首席教师"，建设校级名师培养梯队。培育区"新苗、新锐、能手、学带、名师"预备队。

4. 开展"红师"行动

搭建名课、名师、名科"三名同导"指导平台，开展课堂、课题、课程"三课联建"项目实践。同步上级教师专业研训活动的安排、学生学习活动的安排，建构主题季师艺课程，开展主题季项目研修，兼合专题性项目研修。

表5-3 "红师"行动主要项目安排表

课程	项目
东师暑继教	7月、8月：暑期"德、程、课、题、文、读、才、技"师艺菜单
东师第一课	NBT培训（一）珍珠之家团队拓展
	NBT培训（二）触摸东师德研文化
	NBT培训（三）感悟东师教研文化
	NBT培训（四）思辨东师科研文化
	NBT培训（五）分享东师创研文化
	NBT培训（六）满载收获踏上师路
东师导师制	青蓝工程：第一年德研过关，第二年教研过关，第三年科研过关，第四年创研过关，第五年答辩出师
	市名师、省学带签约
东师课题季	9月：课题月，"师学杯"，结题、申报、评奖、开题
	10月：论文月，"师学杯"，学科论文评比，主题论文评比
东师课堂季	11月：春华月，"师业杯"
	12月：夏荷月、秋实月、冬韵月，"师业杯"
东师读书季	3月："东师悦读者——月度阅读推荐"微信推送
	4月："东师悦读者——读书交流会"，"师学杯"
东师技能季	5月："师道杯"，"红船队课"，德研过关课，教研过关课
	6月："师创杯""三字一话"技才比赛，新技术比赛

（四）"红师"课程评价

学校根据课程目标，通过合格率、优秀率、提高率对教师成长、课程实施效果进行评价。合格率评价教师五年360学分继续教育的完成情况，以统计表形式进行；优秀率评价教师获奖情况，以统计表形式进行；提高率评价教师每学期、每学年成长、获奖的增量，以专业成长记录本、档案袋形式进行。

情怀信念是"红匠教师"的灵魂，知识结构是"红匠教师"的基石，实践反思是"红匠教师"的能力，思想主张是"红匠教师"的特征。智慧型"红匠教师"的成长是一个螺旋、漫长的过程。

新时代必然需要新精神，新精神必然催生新力量，新力量必将成就新事业。学校将以敢为人先的"红船精神"、追求完美的工匠精神和科学严谨的学术精神为引领，依托"课程、阵地、队伍、项目"四大载体，用匠心，致初心，培养"仁业学创"全面发展、教有特色的"东师匠师"。

三、 全域渗透，走向文化

学校文化是学校组织所信守的精神理念和组织及其成员的行为方式总和。学校文化是以学校全体成员为主体，以校园为主要空间，以育人为主要导向，以精神文化、物质文化、行为文化和制度文化建设等为主要内容，以学校精神、文明为主要特征的一种群体文化。学校文化建设是以文化人，用文化去感染人、教育人、改变人，这种"化"是逐渐渗透的，是在不知不觉中完成的。文化可以内化为一种精神力量，外化为一种良好的行为习惯，升华为一种高尚的道德品质。

（一）传承红色基因，形成精神文化

1946 年 2 月，在辽宁省本溪市成立的"东北大学"，即东北师范大学前身，是我党在东北地区创建的第一所综合性大学，建校目标就是为了培养党的干部，具有红色起源。嘉兴南湖是中国共产党第一次全国代表大会胜利闭幕的地方。

因此，2012 年由东北师范大学与浙江省嘉兴市南湖区人民政府联合创建揭牌的东北师范大学南湖实验学校，先天具有红色基因，是一所传承红色血脉的九年一贯制学校。

学校师生精神来自持续的红色文化建设的魅力，从而形成共同的价值取向，唤醒师生心灵，构建文明的生活方式，形成不甘平庸的斗志，产生持续奋进的行动力。

办学理念：智慧的教育

学校精神：坚持理想　追求卓越　勇开风气　兼容并包

学校目标：建设一所面向未来的智慧学校。

校　　训：志存高远　弘教自强　求真致知　智慧成长

> 校　　　风："五向"同心　智慧未来
>
> 教　　　风：仁爱　专业　学术　创新
>
> 学　　　风：好好学习　天天向上

（二）梳理规章制度，经营制度文化

东师南湖校在办学的过程中，用文字、表格、流程图等形式对学校教育、教学、生产、科研以及各项管理工作的要求所做的制度规定，是学校各级管理者和师生员工在执行教育方针和达成学校整体工作目标过程中必须遵守的行为规范与准则，对教职工和学生都有一定的约束力。优良的学校规章制度能保证学校各项工作有秩序有成效地进行，使教师和学校其他工作人员的工作规范化，学生在校行为规范化。

（三）规范学校管理，引领行为文化

学校行为文化分为教育教学、公共关系、学校管理三个维度。校长应是学校行为文化的引领者。首先，校长在学校行为文化建设中应起榜样的作用。其次，校长在学校行为文化建设中要善于发挥激励的作用。第三，校长要真正发挥管理的作用。

东师南湖校的教育教学分为德育活动、课程建设、教学改革、教育科研、教师发展。公共关系包含教师关系、师生关系、家校关系、社区关系、新媒关系、政府关系。学校管理包含管理理念、机构设置、后勤管理等。具体内涵如图5-1所示。

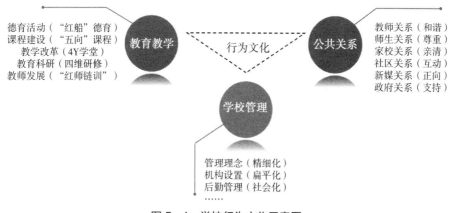

图5-1　学校行为文化示意图

（四）基于核心理念，设计物质文化

学校物质文化是学校文化中不可忽略的重要组成部分，也是学校文化的载体。学校物质文化是经过一定时间由校内人员共同创造的物质产品，是学校经济价值与社会价值的综合表现，具有一定的历史性、科学性、艺术性与教育性。教育部在 2006 年颁发了《关于大力加强中小学校园文化建设的通知》，其中对学校的物质文化建设有着明确的要求：以优化、美化校园文化环境为重点。

基于学校的核心理念，设计学校物质文化。东北师范大学南湖实验学校将学校物质文化分为建筑文化、墙饰文化、文化设施、学校标识，如图 5-2 所示。

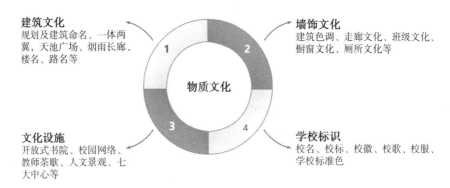

建筑文化
规划及建筑命名、一体两翼，天池广场、烟雨长廊、楼名、路名等

墙饰文化
建筑色调、走廊文化、班级文化、橱窗文化、厕所文化等

物质文化

文化设施
开放式书院、校园网络、教师茶歇、人文景观、七大中心等

学校标识
校名、校标、校徽、校歌、校服、学校标准色

图 5-2　学校物质文化示意图

一是建筑文化：规划及建筑命名、一体两翼、天池广场、烟雨长廊、楼名、路名等。

图 5-3　建筑文化：一体两翼　绿树红墙　钟楼鸿立　两部分张

二是墙饰文化：通过建筑色调、走廊文化、班级文化、橱窗文化、厕所文化等体现。

图 5-4　墙饰文化："五向"同心　智慧未来

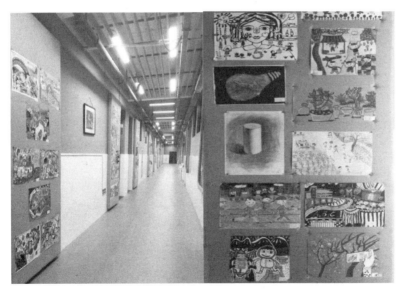

图 5-5　走廊文化：艺术长廊

图5-6　橱窗文化

三是文化设施：包括开放式书院、校园网络、人文景观、七大中心等文化设施。

图5-7　学生阅读中心

图5-8　科技创新中心

图 5‑9　艺术共享中心

四是学校标识：包含校名、校标、校徽、校服、学校标准色。

图 5‑10　学校标识

图 5‑11　东师南湖校赋

图 5‑12　东师南湖校校歌

东师南湖校在学校文化建设上秉承环境育人的理念,将办学思想、现代气息、学府氛围、艺术品位融为一体,创建优美典雅的现代化校园,营造出最适宜学生健康成长的优雅环境。

后记 "五向"花儿开 朵朵放光彩

> "果实的事业是尊贵的,花的事业是甜美的;但是让我做叶的事业吧,叶是谦逊地、专心地垂着绿荫的。"
>
> ——泰戈尔《飞鸟集》

从 2016 年的《基于核心素养的"五向"课程建构与实践研究》到 2019 年的《聚核跨界:"五向"课程深度实施再研究》,再到今日之《"五向"课程:迈向 3.0 课程的实践样本》,一路走来,东师南湖人凝心聚力,锐意进取,实现的不仅仅是课程样态的迭代,更是教育初心的坚守。

自建校以来,东师南湖人的初心使命就是办"智慧的教育"。这里的"智慧",类似核心素养,在东师南湖校概括为学生的"五向素养",即"向美的身心,向善的品格,向上的学力,向真的学识,向新的行动"。这就构成了育人目标即"五向少年"的基本要素,也可称之为"智慧的人"。"智慧的人"的特质是全面发展、个性优长、善于创造。"智慧的教育"就是培养"智慧的人"的教育,她一定是面向未来的、个性化的、高质量的、超边界的。几年来,我们依托"五向"课程,努力做学生的"点灯人",不断提升教育的智慧——"五向"花儿开,朵朵放光彩。我们认为:每个学生都是具有发展潜力的独特个体,都有"向美、向善、向上、向真、向新"的潜在自我。我们尊重学生的个性,关注学生的差异,欣赏学生的差别——朵朵花不同;我们唤醒学生对知识的热情,对成长的信心,对生命的敬畏——朵朵放光彩。

在此,也诚挚感谢在课程改革实践过程中以及在本书出版过程中给予我们关怀、指导、支持、鼓励的东北师范大学、嘉兴市南湖区、科技城等各级领导以及东师南湖校全体师生员工和家长,正是因为你们,我们"五向"的种子才得以开出灿烂的花朵。

此为后记,但后记并不等于研究的结束,而是一个新的起点。东师南湖人将秉承"智慧的教育"办学理念,继续深化课程改革,锐意创新进取,朝着"建设一所面向未来的智慧学校"的办学目标坚定迈进!

学校整体课程规划的七个关键	978 - 7 - 5760 - 0424 - 3	62.00	2021 年 3 月
课堂教学的 30 个微技术	978 - 7 - 5760 - 1043 - 5	52.00	2020 年 12 月
教学诠释学	978 - 7 - 5760 - 0394 - 9	42.00	2020 年 9 月
原点教学:提升区域育人质量的策略研究			
	978 - 7 - 5760 - 0212 - 6	56.00	2020 年 8 月

学校课程发展精品丛书

学科课程群与全经验学习	978 - 7 - 5760 - 0583 - 7	48.00	2021 年 1 月
育人目标与课程逻辑	978 - 7 - 5760 - 0640 - 7	52.00	2021 年 2 月
学科课程与深度学习	978 - 7 - 5760 - 0505 - 9	52.00	2021 年 2 月
学校课程的文化表情:百花园课程的学科指向与深度实施			
	978 - 7 - 5760 - 0677 - 3	38.00	2021 年 2 月
学校文化与课程变革	978 - 7 - 5760 - 0544 - 8	62.00	2021 年 2 月
语文天生重要:语文学科课程群设计	978 - 7 - 5760 - 0655 - 1	44.00	2021 年 2 月
五育并举的课程体系:致良知课程的旨趣与探索			
	978 - 7 - 5760 - 0692 - 6	48.00	2021 年 1 月
学科课程与育人质量	978 - 7 - 5760 - 0654 - 4	48.00	2021 年 1 月
在地文化与课程图谱	978 - 7 - 5760 - 0718 - 3	46.00	2021 年 2 月
中观课程设计与学科课程发展	978 - 7 - 5760 - 0624 - 7	36.00	2021 年 1 月
大教学：英语学科核心素养培育的课程模式			
	978 - 7 - 5760 - 0462 - 5	46.00	2021 年 1 月

特色学校聚焦丛书

不一样的生命,一样的精彩	978 - 7 - 5675 - 8675 - 8	34.00	2019 年 3 月
童味正醇:特色学校的文化图谱	978 - 7 - 5675 - 8944 - 5	39.00	2019 年 8 月
特色普通高中课程建设探索	978 - 7 - 5675 - 9574 - 3	34.00	2019 年 10 月

儿童是天生的探索者:360°科学启蒙教育

| | 978 - 7 - 5675 - 9273 - 5 | 36.00 | 2020 年 2 月 |

做精神灿烂的教师:教师自我成长的 5 个密码

| | 978 - 7 - 5760 - 0367 - 3 | 34.00 | 2020 年 7 月 |

让教育温暖而芬芳	978 - 7 - 5760 - 0537 - 0	36.00	2020 年 9 月
快乐教育与内涵生长	978 - 7 - 5760 - 0517 - 2	46.00	2020 年 12 月
故事教育与儿童发展	978 - 7 - 5760 - 0671 - 1	39.00	2021 年 1 月
美好教育:学校内涵发展的循证研究	978 - 7 - 5760 - 0866 - 1	34.00	2021 年 3 月
把美好种进儿童心田	978 - 7 - 5760 - 0535 - 6	36.00	2021 年 3 月

倾听生命的天籁:"天籁教育"的实践与探索

| | 978 - 7 - 5760 - 1433 - 4 | 38.00 | 2021 年 9 月 |

| 为了每一个孩子的美好心愿 | 978 - 7 - 5760 - 1734 - 2 | 50.00 | 2021 年 9 月 |

跨学科课程丛书

| 大情境课程:主题设计与创意评价 | 978 - 7 - 5760 - 0210 - 2 | 44.00 | 2020 年 5 月 |
| 社会参与素养的培育模型与干预机制 | 978 - 7 - 5760 - 0211 - 9 | 36.00 | 2020 年 5 月 |

大概念课程:幼儿园特色主题活动设计

| | 978 - 7 - 5760 - 0656 - 8 | 52.00 | 2020 年 8 月 |

| 项目学习:进入学科的课程智慧 | 978 - 7 - 5760 - 0578 - 3 | 38.00 | 2021 年 4 月 |

核心素养导向的课堂教学丛书

| 漾着诗性智慧的课堂教学 | 978 - 7 - 5675 - 9308 - 4 | 39.00 | 2019 年 7 月 |

转识成智的课堂教学:核心素养导向的历史教学

| | 978 - 7 - 5760 - 0164 - 8 | 40.00 | 2020 年 5 月 |

| 学导式教学:学会学习的教学范式 | 978 - 7 - 5760 - 0278 - 2 | 42.00 | 2020 年 7 月 |
| 高阶思维教学的关键技术 | 978 - 7 - 5760 - 0526 - 4 | 42.00 | 2021 年 1 月 |

会呼吸的语文课：有氧语文的旨趣与实践

	978 - 7 - 5760 - 1312 - 2	42.00	2021 年 5 月
高阶思维教学的核心指向	978 - 7 - 5760 - 1518 - 8	38.00	2021 年 7 月
磁性课堂：劳动技术课就这样上	978 - 7 - 5760 - 1528 - 7	42.00	2021 年 7 月
核心素养导向的作业设计	978 - 7 - 5760 - 1609 - 3	40.00	2021 年 8 月
语文，让精神更明亮	978 - 7 - 5760 - 1510 - 2	42.00	2021 年 9 月

"六会"教学法：基于核心素养的课堂教学

	978 - 7 - 5760 - 1522 - 5	42.00	2021 年 9 月

特色课程建设丛书

教师，生长的课程	978 - 7 - 5760 - 0609 - 4	34.00	2020 年 12 月
学校课程发展的实践范式	978 - 7 - 5760 - 0717 - 6	46.00	2020 年 12 月

丰富学习经历：如歌式课程的愿景与深度

	978 - 7 - 5760 - 0785 - 5	42.00	2020 年 12 月
学科课程群设计方法	978 - 7 - 5760 - 0579 - 0	44.00	2021 年 3 月

学校美育课程的立体建构：菁华园课程的逻辑与框架

	978 - 7 - 5760 - 0610 - 0	36.00	2021 年 3 月
关键学习素养与学科课程设计	978 - 7 - 5760 - 1208 - 8	34.00	2021 年 4 月
学校课程设计：愿景建构与深度实施	978 - 7 - 5760 - 1429 - 7	52.00	2021 年 4 月
生长性课程：看见儿童生长的力量	978 - 7 - 5760 - 1430 - 3	52.00	2021 年 4 月
"慧阅读"课程：儿童视角	978 - 7 - 5760 - 1608 - 6	42.00	2021 年 6 月

诗意栖居的课程愿景：智慧岛课程的逻辑与深度

	978 - 7 - 5760 - 1431 - 0	44.00	2021 年 7 月

每一个孩子都是最重要的人：V - I - P 课程的内在意蕴与学科视角

	978 - 7 - 5760 - 1826 - 4	54.00	2021 年 8 月

给每一个孩子带得走的能力：井养式课程的旨趣与探索

	978 - 7 - 5760 - 1813 - 4	42.00	2021 年 10 月
"五向"课程：迈向3.0课程的实践样本	978 - 7 - 5760 - 2149 - 3	44.00	2021 年 10 月